ゼロからはじめる女性学

天童睦子

ジェンダーで読むライフワーク論

世界思想社

まえがき

早春のある日、卒業間近の学生が「大学で女性学やジェンダーを学べてよかったです」と伝えに来てくれました。女性の生き方を問うライフワーク論やキャリア形成科目は、女子大学ならではの教育の事例です。そして学生のみなさんとの語り合いは、自らが歩んできた学びの過程を思い起こすときでもありました。

「女性学」との出会いは、私の人生にとって大きな転機でした。ずいぶん前のことですが、一九九〇年代、三〇歳代の私は出口の見えないトンネルの中にいるような閉塞感を抱いていました。子どもはかわいいが、ときに育児は思うようにいかず、再就職の壁は厚く、自分の人生はどこに向かうのか、道を見出せずにいました。従妹の結婚式で偶然出会った教授に「母校（の女子大学）に社会学専攻の大学院ができますよ」と声をかけられ、一念発起して受験勉強し、昔の恩師に電話して読むべき本を尋ねました。社会人入試の枠はなく、語学も一般受験で、たまにやっていた翻訳の仕事の経験が思わぬところで役立ちました。

大学院で「ジェンダー」ということばに出会い、その視点で世の中を見渡すと、自分が社会に出てから経験した苦い思いや子育て期の孤立、背景にある性別役割分業型社会のからくりが見えて、一気に霧が晴れる思いでした。学ぶことは生き直すことでした。

その後、運よく大学に職を得て、いくつかの大学で女性学、ジェンダー論、教育社会学を教えてきました。私は仙台生まれで、二〇一五年に宮城学院女子大学の女性学担当教員として赴任しましたが、故郷に戻ったきっかけは東日本大震災でした。すでに震災から年月が経過していたものの、ひとたび津波の被災地を訪れると、被災前の生活環境を喪失したままの地域の姿があり、胸が痛みました。家族関係や子育てにも厳しい現実が見えました。研究者として何かできるはずとの思いが、私をあらためて女性学教育に向かわせました。

女性学に何ができるか。学生のみなさんと接しながら得た答えの一つは、困難にあって足元の課題に向き合う内なる力、連帯の力を生み出す学問と実践、それが女性学の強みだということです。とりわけ学生たちのまなざしが真剣さを増すのは、性支配や社会に構造化された性差別が遠い過去の話ではなく、今なお身近に存在することに自ら気づくときです。「(医科大学の)入試の性差別に愕然とした」「就活が不安」「将来が想像できない」といった彼女たちの本音はやがて「女性の生き方の変化を学び、祖母世代の苦労が理解できた」「国際比較のデータで日本の現状を知り、自分に何ができるか考えようと思った」「震災時は小学生だった。女性学を学んでいつか支援や復興の担い手になりたい」といったことばへと変わっていきます。ときに思うようにいかず心が沈み込むときがあっても、学びを通して、光を見出し、理不尽な状況には自ら「声」を上げてよいのだと知っていくのです。

本書は、女性学・ジェンダー論的アプローチで、八つの章から構成されています。主に近代以降の社会変化をたどり、歴史的視点という縦軸と国際比較の横軸を交叉させて、人生の諸課題に接近していきます。

序章では本書の鍵となるライフワークの意味、生産と再生産、ケア、ウェルビーイング、女性のエンパワーメントといった用語を解説し、日本の女性のライフコースの変化を見ます。第1章ではフェミニズムの歴史と展開を学び、女性学やジェンダー概念がどのように生まれたかを把握します。第2章では国際比較の視点から、労働、生活時間の現状を読み解きます。第3章では身体と性の自己決定にかかわる「リプロダクティブ・ヘルス／ライツ」、第4章では日本の家族と子育ての変化、第5章では学校教育における「隠れたカリキュラム」など、教育やスポーツ文化に潜む性差別を取り上げます。第6章では地域女性のエンパワーメント、災害女性学を紹介します。そして終章で女性の就労、育児、教育、ケアといった課題を包括的にとらえる「エンパワーメント・モデル」を提起します。各章の末尾に、「知っておきたいキーワード」と読書案内があります。「考えてみよう」の問いも自由に役立ててください。

女性学を初めて学ぶ人のために、ジェンダー論を応用したい人のために、また人生を重ねていくうえでライフワークを広く考える書として、本書が活かされることを願います。

これまで声を上げにくかった女性、男性、マイノリティの人々を含め、よりよく生きるために、ジェンダー平等の社会課題をともに考えていきましょう。

挑戦（チャレンジ）は変化（チェンジ）の種です。本書があなたの未来をひらく扉となれば幸いです。

目次

序章　女性学で読み解くライフとワーク

1　女性学的想像力でひらく未来社会

女性学的想像力

本書では、ライフ（人生、命、生涯）にかかわるテーマに接近し、自分らしい生き方、彩り豊かな人生、それを選択できる社会のあり方を取り上げます。もう一つはワークについて、就労キャリアだけでなく、市民活動や生活実践といった幅広いワーク（労働、活動）の視点を提示しています。またライフワーク（息長く続ける活動）についても、地域や世界の事例をふまえて考えることを目指しています。

私たちの生活、家族、教育、働き方を見直し、女性も男性もともに平等で自由と尊厳をもって生きる未来社会をつくるにはどのような課題があるのか。本書は、女性、男性、若者、市民に向けたエンパワーメントの手引き書でもあります。

女性学は、女性の視点で、男性中心の価値志向や学問を問い直すことから始まりました。

学術と実践をつなぎ、女性の経験から生まれる変革の可能性を提起する実践の学です。

現代社会には、個人の力では解決しない問題も多々あります。しかし、それらを個別的な事柄としたり、他人事と遠ざけたりせずに、他者の痛みに寄り添い当事者の立場で想像すること、とりわけ女性、子ども、高齢者、マイノリティといった人々への理不尽な扱いに疑問をもち、是正の方法や方向性をともに語り合うこと、そのような想像の力が課題解決の鍵となるのです。本書では、他者の、とりわけ女性たちの困難な状況を想像し、変革の方途をともに考えようとする力を「女性学的想像力」と呼びましょう。「弱い立場に置かれた人々」への共感を土台として、その想像力を高めることで、「私的で個人的な事柄」に見えていたものが私たちに「共通の社会課題」となります。

これは社会学者ライト・ミルズの社会学的想像力（sociological imagination）からヒントを得た私の造語です。かつてミルズは、社会学的想像力という表現で、既存のものの見方、社会のなかで自明のことに見えるものを幅広い視野でとらえ直すことの重要性を示唆しました（ミルズ 1965）。

女性学的想像力を駆使して、他者の立場に立って、その人の抱える痛みや困難を想像し、現代の社会課題をとらえ直すとき、足もとの身近な社会的・文化的問題と、世界の女性たちが抱える困難は、根底で深く関連していることに気づきます。女性学的想像力は、ローカルとグローバルをつなぐ、越境の文化的創造力へと展開する力にもなります。

2 ライフワークを読み解く鍵

生産と再生産

人間の生きる営みのなかで、生産と再生産が不可分に結びついていた時代から、近代社会の到来以降、やがて生産領域（職場）と再生産領域（家庭）が分離されていきました。職住分離の広がりです。近代化は産業構造の変化を伴い、とりわけ男女の生活構造に大きな影響をもたらしました。近代化をジェンダーの視点で見るならば、生産領域は男性中心、再生産領域（家事、育児、介護）は女性中心と性別区分され、生産領域の活動は賃金労働として支払われる労働に、そして主に家庭内で担われる再生産の活動は賃金が支払われない労働（アンペイドワーク）として「影の労働」になっていったのです。

アンペイドワーク

ワーク（work）には、仕事、労働、活動、作業などの意味があります。ホームワーク（宿題）、ワークショップ、ワーク・ライフ・バランス（仕事と家庭生活の調和）といったことばもあります。

「働くこと」や「労働・仕事」を指す単語のworkとlaborとでは、ややニュアンスが異なります。前者には肉体的・精神的に努力して何かを成し遂げるという意味が、後者には苦役を伴う肉体労働との含みがあるようです。

ここでは女性労働にかかわることばとして、ペイドワークとアンペイドワーク（章末キーワード参照）を整理しておきましょう。ペイドワークは賃金労働のこと、アンペイドワークは無償労働のことです。

家事、育児、介護といった家庭内でのケア（世話）にかかわる労働は、主に女性が担う無償労働、（賃金が）支払われない労働とみなされてきました。ほかにも地域のゴミ集積所の掃除とか町内会の役割といった地域活動も無償ですが、私たちの日々の暮らしを成り立たせている大事な活動です。

だれがケアを担うのか

人は一人では生きられません。一生のなかでだれかの世話（ケア）を必要とする時期はだれしもが経験するものです。

ケア（care）には二つの含意があり、一つは「気遣い、配慮」、もう一つは「世話すること」で、後者はより具体的な養育や介護といった他者の保護、補助、介護、介助の実際的提供を意味します。

ジェンダー視点からいえば、家事、育児、子どもの教育、介護の責任などのケア役割は主に女性の無償労働によって支えられてきました。とりわけ日本では性別役割分業体制のもとに、ケア役割は長らく、妻・母・嫁役割として女性によって担うものとされてきました。

一方、ケアワークを広く社会で分かち合う社会システムを導入した国もあります。北欧諸国に見られる保育、介護の社会化・公共化はその例です。日本でも、高齢者介護を家族役割に限定せず、公的に担う制度が登場しました。また、看護、介護、保育分野への男性の参入が注目されるに伴い、それをジェンダー平等社会の実現に向けた契機と見ることもできます。

とはいえ、日本ではケアの公的制度化、営利化が進むなかで、労働としてのケアが不安定、低賃金、感情労働の負担などの多くの問題を含んでいることも明るみに出ています。コロナ禍ではエッセンシャル・ワーカー（私たちの命や生活に不可欠な労働の担い手）、とりわけケア・ワーカー（看護、介護、保育など直接的に身体的・精神的に人とかかわる業務の人々）の負担の重さ、およびその業界の賃金体系や就労状況の不安定が問われました（浅倉 2022）。

では、就学、家族形成、育児やケア、就労といった女性の生き方はどう変わったのでしょうか。次にライフコースの視点から見ていきましょう。

3 女性の生き方はどう変わったか

女性のライフコース

ライフコース（章末キーワード参照）とは、個人が年齢別の役割や出来事を経てたどる、人生軌道のことです。個人が成長や加齢とともに、就学、就業、結婚、出産、子どもの自立、退職といった社会的地位や役割の変化を伴うライフイベントを経験する過程を一連のコースとしてとらえるものです。家族社会学の分野では、ライフコースの視点は、人生の出来事を個人が経験する時機や期間、移行、順序などの多様性や時代性（歴史的時間）と、個人の一生（個人的時間）、および家族生活（家族的時間）の三つの時間軸に注目した研究が展開しています（目黒 2007; 嶋﨑 2008）。

女性の生き方の世代間比較——明治から昭和へ

日本女性の生き方はどう変わったか。大きくまとめると、長寿化（平均寿命の延び）、少子化（女性が生涯に産む平均子ども数の減少）、ジェンダー体制の変化が挙げられます。

たとえば明治生まれの女性と、昭和世代（一九二七年、一九五九年、一九七〇年生まれ）の女性

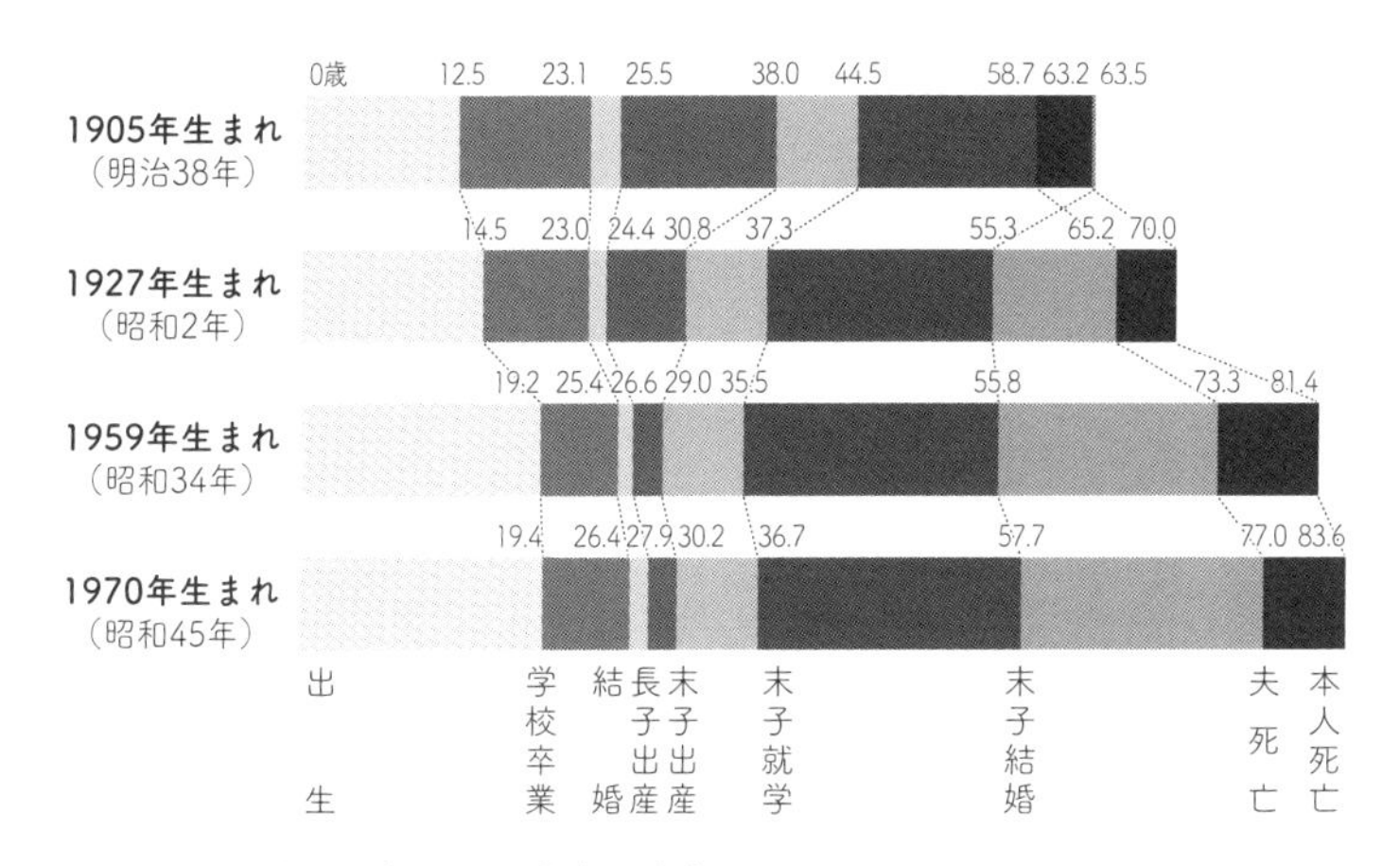

井上・江原編(1999: 3) をもとに作成，一部変更
このモデルの出生年は，1928年，1950年，1984年，1996年の平均初婚年齢から逆算して設定。学校卒業時は初婚年齢の人が実際に進学する年の進学率を用いた。他のライフステージは婚姻時における平均値

図 序－1　女性の生き方はどう変わったか――明治から昭和まで

の生き方を比べてみましょう。

　まず明治期（一九〇五年）生まれの女性の人生軌道を見ると、平均寿命は六〇歳代で、結婚後の女性の生涯は出産と子育てでかなりの年数が占められました。高等教育に進む女性は少なく、嫁入り後二〇歳代から三〇歳代の終わりまでに、約五人の子を産み育て、末子が小学校に上がるころには四〇歳代半ば、六〇歳を前に夫には先立たれ、末子が結婚するのを見るかどうかのころには自分の生涯が終わりました。

　昭和生まれの世代はどうでしょうか。昭和二（一九二七）年生まれの女性の場合、大きな変化は、明治生まれの女性より大幅に出産期間が縮小

し、子どもは二人、子どもを育て上げたあとの「子育て解放期」が登場したことです。この世代は一九五〇年代半ば以降の高度経済成長期と、日本社会の変動を経験しました。出生数の低下は、第二次世界大戦後のベビーブームを経て、高度経済成長期に顕著となります。家族関係については、産業構造の変化による雇用者比率の増大、都市部に移動し核家族を形成する割合が上昇し、稼ぎ手としての夫と、専業主婦の組み合わせによる「家族の戦後体制」（落合 2019）が確立していきました。

そして昭和三〇年代生まれでは、長寿化と少子化の傾向が顕著になります。昭和三四（一九五九）年生まれでは、二〇歳代後半で結婚し、昭和一けた世代より結婚年齢がやや高く、出産期間は縮小し、末子の教育期終了後の子育て解放期と老後期が長くなっています。子ども期は日本の高度経済成長期で、白黒テレビ、電気洗濯機、電気冷蔵庫が「三種の神器」、それに次ぐ3C（カラーテレビ、カー、クーラー）と、ものの豊かさを享受した時代です。見合い結婚と恋愛結婚の割合は一九六五年に逆転し、この世代が二〇歳代のころには見合い結婚の割合が三割、恋愛結婚が七割と、恋愛結婚の比率が高くなりました。「近代家族」の理念と形態が広がり、母性愛の強調、男女間のロマンティック・ラブ・イデオロギーの浸透もこの時期です。

さらに昭和四五（一九七〇）年生まれの世代を見ると、男女ともに結婚年齢が上昇し、晩婚化・晩産化が進みます。この世代が一〇歳代半ばのころに「男女雇用機会均等法」（一九八五年）が成立し、女性の高等教育進学率は（大学、短大を合わせて）五割近くとなり、女性の高学歴化が広がりを見せました。職業キャリアを視野に入れ、出産・育児だけではない女性の人生設計を考える世代の到来です。ただし、バブル経済とその崩壊、就職氷河期もありました。平均寿命はさらに延びて老後が長期化しています（天童 2003; 井上・江原編 1999）。

人生一〇〇年時代のライフ・シフト

二〇〇〇年代以降を生きるみなさんは、どのような人生軌道の時代を迎えているでしょうか。二〇二一年の日本の男女の平均寿命（〇歳の平均余命）は男性八一・四七年、女性八七・五七年で、前の年を若干下回りましたが（コロナ禍の影響）、世界的に日本は男女ともに長寿の国とされています。

ロンドン・ビジネススクールの教授リンダ・グラットンとアンドリュー・スコットの『LIFE SHIFT――１００年時代の人生戦略』という本が出版され話題になりました。グラットンらは、長寿化が進む人生一〇〇年時代には働き方が根本から変わるとし、これまでの「教育―仕事―引退」の三ステージの生き方が終わり、「自分らしい人生の道筋を描くようになる」といいます。日本の例も挙げられていて、日本の場合、二〇〇七年生まれの人が一〇〇歳になる割合が五〇％と高く、他の先進諸国に先んじて長寿となる「世界屈指の幸せな国」と紹介されています。

一方、働き方が根本から変われば、家庭生活も変わります。同書では長寿化時代における安定した資金設計について、労働市場の変動に対応すべく家庭でパートナーの両方が職をもつメリットが記されています。しかし、日本の現状は女性の就労割合が小さく、性別役割分業を温存した社会経済構造があり、ジェンダー平等の度合いが低いことが指摘されています（グラットン／スコット 2016）。

教育（子ども・青年期）―仕事（成年期）―引退（老年期）といったパターン化されたライフサイクル型から、多様なライフコースへと生き方が変わるとすれば、人生一〇〇年時代にはどのような課題が見えてくるでしょうか。

長寿化時代、いいかえれば高齢者割合の増加というテーマは、介護や疾病、年金保障や老後の資金の蓄え不安、若い世代の負担増といった話題と結びつけられがちです。長寿は、単に長く生きるというだけではなく、生きる当事者が活力のある生きがいのある暮らしを実感し、健康的に過ごし、ゆっくりと心身の健康期間を楽しみながら生きることといえるかもしれません。

また、前述したケアの分かち合いも重要な課題です。医療、介護、保健衛生といった、ケアにかかわる労働は、人々の健康、生活の満足度や幸福感、すなわちウェルビーイングに直結するものだからです。ジェンダー平等なケアの実践は、ウェルビーイングを視野に入れた生活様式とそれを実現する福祉社会を考えることでもあるのです。

4　よりよく生きるために──グローバル・ローカルな視点

ウェルビーイングとは何か

ウェルビーイング（well-being）は、日本語では幸福、安寧、安心・安全な状態といった訳があてられています。幸せと訳すこともあります。

ウェルビーイングの定義で代表的なものに、世界保健機関（ＷＨＯ）憲章の前文があります。そこでは「健康とは、病気ではないとか、弱っていないということではなく、肉体的にも、精神的にも、そして社会的にも、すべてが満たされた状態にあること」（日本ＷＨＯ協会）とされています。

ウェルビーイングは、身体的ウェルビーイング（心身の健康な状態）、社会的ウェルビーイング（人間的つながりをもっている状態）、経済的ウェルビーイング（経済的に満足できている状態）と考えてみると、幸せ（happiness）という感情面だけでなく、精神的・社会的に満たされた状態をとらえるのに有効な概念といえます。

世界的にウェルビーイング重視の国・地域として知られるのが北欧です。たとえば国連機関の発表によれば、フィンランドは、世界一幸福な国とされています（World Happiness

Report 2023)。この順位づけは「幸福度」という見えないものを数値化するために、一人当たり国内総生産(GDP)、社会的支援の充実(社会保障制度など)、健康寿命、人生の選択における自由度、他者への寛容さ(寄付活動など)、国への信頼度といった項目を用いています。上位には二位デンマーク、三位アイスランドと北欧諸国が名を連ね、日本は四七位でした。

女性のエンパワーメント

本書の鍵となるもう一つのことばは、女性のエンパワーメント(empowerment of women)です。それは「女性が自ら力をつけること」を意味します。エンパワーメントにおける力とは、上からの力ではなく、草の根の女性たちが自ら力をつけて連帯して行動することによって生まれ、自らの状態や位置を変えていこうとする連帯の力です。つまり、ボトムアップ(下から上へ)の変革の力を指しています。女性のエンパワーメントを重視する考え方は、第三回世界女性会議(一九八五年、ナイロビ)以降に広まり、国連をはじめ世界的に用いられるようになりました(村松・村松編 1995)。国際社会では、あらゆるレベルでの政策・方針決定過程への女性の参加がエンパワーメント・アプローチの基盤となっています(モーザ 1996)。

序章のまとめとして、次のことばを紹介します。

Think globally, and act locally.
地球規模で考えて、地域レベルで行動を。

第四回世界女性会議（一九九五年、北京）で謳われ、広く知られるようになったフレーズです。

また、世界女性会議では「平等・開発・平和」も提起されています（章末キーワード、終章も参照）。

環境、平和、水、気候変動、エネルギー、持続可能な消費など、私たちの暮らしは、地球規模の課題に直面しています。グローバルに考え、ローカルに行動すること。そしてローカルな課題を契機にグローバルな連帯や行動につなげていくこと、あなたが暮らす地域の課題は世界的課題とつながっているのです。

社会関係の諸領域、組織、教育や文化の構成要素のすみずみに「見えない力」が作用しています。ジェンダー視点は、見えないものを見極める、光のみなもとのようなものです。この視点を磨き、女性学やジェンダーに出会うことで、困難からエンパワーメントへと至る道を拓（ひら）く知恵と変革の力をつけていきましょう。

考えてみよう

- あなたにとって身近なジェンダー問題とは何ですか。例を挙げてみましょう。
- あなた自身の理想のライフコースはどのようなものですか。考えてみましょう。
- あなたの母世代、祖母世代の生き方と、現代女性の生き方を比較して、どのような違いがあるか、またどのような課題解決がなされてきたかを考えてみましょう。

知っておきたいキーワード

アンペイドワーク　unpaid work

支払われない労働、無償労働のこと。主に家庭内で女性が担う家事、育児、介護などのケア労働は、生活の維持に欠かせない労働でありながら「見えない労働」とされてきた。また、開発途上国の女性の労働において、生命維持のための自給労働（サブシステンス労働）やインフォーマルセクターと呼ばれる零細自営業の労働の多くもアンペイドワークである。「開発と女性」（WID）のアプローチはこのような女性の見えない経済的貢献の再評価の必要性にも目配りしている。

ライフコース　life course

個人がたどる人生軌道のこと。個人が成長や加齢とともに、就学、就業、家族形成、子どもの自立、退職といった社会的地位や役割の変化を伴うライフイベントを経験する過程を一連のコースとしてとらえる見方。ライフサイクルが典型的な人生パターンの規則性に着目するのに対して、ライフコースの視点は斉一性より多様性に注目し、同時代に生きる人々の人生パターンの差異や、時代の変化と個人の人生との関連の分析を可能にする。

平等・開発・平和 equality, development, peace

一九七五年の国際女性年とそれに続く国連女性の一〇年で掲げられたスローガン。まず法の下の男女平等が挙げられ、不平等な国際政治経済関係のなかで貧困に直面する第三世界の女性たちから開発が提起された。さらに、地域紛争に生活基盤を脅かされている地域の女性たちからは平和が喫緊の課題とされた。「平等・開発・平和」はグローバルな女性の連帯の鍵概念であり、ここにグローバル・フェミニズムの萌芽を見ることができる。

さらに学ぶための本

『ライフコースとジェンダーで読む家族〔第3版〕』岩上真珠、有斐閣、二〇一三年
『家族社会学のパラダイム』目黒依子、勁草書房、二〇〇七年
『LIFE SHIFT――100年時代の人生戦略』リンダ・グラットン、アンドリュー・スコット（池村千秋訳）、東洋経済新報社、二〇一六年

第1章　越境するフェミニズム

1　フェミニズムの歴史と展開

手のひらのフェミニズム

旅先の海外の書店で、小さな本を見つけました。厚さ〇・五センチ、手のひらに収まる小ぶりな本ですが、タイトルは「フェミニスト宣言」となかなか重いテーマです。著者チママンダ・ンゴズィ・アディーチェはナイジェリア出身の作家で、『男も女もみんなフェミニストでなきゃ』（アディーチェ 2017）で日本でも広く知られるようになりました。「フェミニスト宣言」はアディーチェが、娘をもつ友に向けて記した手のひらサイズの本です。女の子だからと性役割に縛られず、自立すること、質問すること、本を愛することの大切さを伝えています（Adichie 2017）。

二一世紀、とくに二〇〇八年の世界的な経済危機以降の女性運動を、フェミニズムの第四の波と呼ぶことがあります。ＳＮＳ（ソーシャル・ネットワーキング・サービス）を駆使したグローバルな市民活動が可能な時代のなかで、性被害、暴力、女性の非正規雇用化、貧困、環境問題、平和構築などをめぐって、ローカルとグローバルをつなぐ連帯が生まれています。

二〇一四年九月、UN Women 親善大使を務めた俳優エマ・ワトソンは、国連本部でのスピーチ“HeForShe”でフェミニズムの現代的意義を力強く発言しました。二〇一七年、アメリカのメディア界での女性に対する性的侵害への告発に端を発した #MeToo は、国境を越えた女性運動のきっかけとなりました。

手のひらのフェミニズム、それは小さな一冊の本をきっかけに、また手のひらサイズの通信機器で、距離も言語も立場も越えていく、新しい連帯の胎動となるでしょうか。

この章ではフェミニズムの歴史と展開を学びましょう。

フェミニズムの先駆者たち

フェミニズム（feminism）はフェミナ（femina 女）という語から派生したことばで、男女間の不平等や差別を認識し、それを是正しようとする思想、理論、学問、実践、運動の総称です。

フェミニズムの歴史は古く、一八世紀から一九世紀に欧米で展開された女性の市民権獲得を目指した運動に遡ります。

ヨーロッパを例に見れば、近代社会において、女性は一般に、地位、権力、資源配分などをめぐって男性より相対的に劣位に置かれました。法制度では市民革命後も女性は男性の庇護のもとにある存在として、参政権、自由権などの市民権は認められませんでした。そのため、公的領域において女性が男性と同等の市民権を求める思想と運動として、近代フェミニズムが登場したのです。

フランス革命の時代に活躍した女優で劇作家のオランプ・ドゥ・グージュ（一七四八―一七九三年）は、フランスの人権宣言が「男性および男性市民の権利宣言」（一七八九年）にすぎないことを見抜き、男性と同等の権利を求めて「女性および女性市民の権利宣言」（一七九一年）を発表しました。しかし当時、女性の権利の無視に対する批判を込めた彼女の言動は、過激なものとみなされ、グージュは捕らえられ、ほどなく断頭台に送られてしまいました（ブラン 2010）。「自由・平等・博愛」の美辞はいったいだれのためのものだったのでしょう。

グージュとほぼ同時代に、イギリスではメアリ・ウルストンクラフト（一七五九―一七九七年）が『女性の権利の擁護』を著しました。一八世紀、当時のイギリスでは、女性は厳しい法の縛りのもとで男性に依存する存在とされ、女性の教育、自立を主張するのは勇気のいるものでした。そのような時代にウルストンクラフトは、女性が男性と同じように理性、美徳、知識を身に付けるべきと主張しました（天童 2017:9）。

第一波フェミニズム——リベラル・フェミニズムの貢献

グージュが命を賭して主張した「女性の権利宣言」や、ウルストンクラフトによる『女性の権利の擁護』は、のちに第一波フェミニズムと呼ばれる一九世紀半ば以降の女性解放運動の思想的基盤となりました。

第一波フェミニズムの代表例、リベラル・フェミニズムは、自由主義とフェミニズムを結びつけ、女性の参政権獲得を主軸にすえた女性運動です。リベラル・フェミニズムは公的領域における平等を主張し、法の下の平等、政治参加、教育や労働における機会均等に重きを置くものです。その主張は一九世紀半ばから広がり、やがて欧米で女性参政権が実現し始めた一九二〇年代に終息しました。

世界で最も早く女性の参政権を認めた国はニュージーランド（一八九三年）ですが、得たのは投票権に限られ、女性の被選挙権が認められたのは一九一九年、第一次世界大戦後のことでした。

アメリカでは一八四八年セネカフォールズ大会で「女性の所信宣言」が起草され、女性の参政権獲得の動きが活発化しました。女性参政権はアメリカ合衆国憲法の修正第一九条として一九一九年六月の議会で可決、正式に批准されたのは一九二〇年のことです。イギリスでは一九二八年に女性参政権が認められました、なお、フランスが国として女性の参政権を認めたのは一九四四年、日本は一九四五年でした（大海 2010）。

二〇世紀後半、多くの国々で女性の参政権が実現した後も、また憲法で男女同等が謳われてなお、強固に存在する男女間格差があります。公的領域での男女同等の市民権だけでは、事実上の平等の達成とはならなかったのです。

2 第二波フェミニズム――ジェンダー、女性学の誕生

第二波フェミニズムは一九六〇年代後半から七〇年代の欧米に始まり、世界的に大きなうねりとなりました。労働市場や家庭、教育、メディアといった日常のあらゆる場や機関に浸透した、性差別的慣習や文化の変革を目指す女性解放の潮流は、第二の大きな波となり、そこから女性学、ジェンダー（gender）概念が生み出されました。

ジェンダーの構築性

ジェンダーは「社会的・文化的につくられた性別」を意味します。ジェンダーはもともと、ラテン語の「分類」を意味し、ヨーロッパ語の名詞の性別（たとえばフランス語の男性名詞、女性名詞のように）を表す文法用語として使われていました。そのジェンダーに新しい意味

を与えたのが第二波フェミニズムです。

ジェンダーは「社会的・文化的に構築された性別」の意味を付与されることによって、一見「自然な」性差とみなされる性別カテゴリー化に潜む社会的・文化的権力の諸関係を解明しうる視座となりました。フェミニズム理論は社会における男女間の不平等を照らし出す新しい概念を手に入れたのです。

遡れば、フランスの文学者シモーヌ・ド・ボーヴォワールが、『第二の性』(原著：一九四九年)に記した「人は女に生まれない。女になるのだ」との一節は、現代的意味でのジェンダー概念が登場する以前に、ジェンダーの構築性を示した先駆的表現といえます(ボーヴォワール 1997a, 1997b)。

ジェンダーの社会的構築性とは、社会、文化、人々の心のありようが性の意味づけを変えていくということです。性役割や、性別役割分業意識、性に基づく偏見は多々ありますが、それらは社会、時代、地域によって異なります。ジェンダー概念の登場は、一見自明のもの、中立的に思えるものにも、社会の力関係が反映していることを示します。たとえば、「人権」とはだれの権利か、「均等」の背後に見えない不均衡は潜んでいないか、ジェンダー視点で社会を見直すことで、気づきにくいさまざまな差別構造に光を当てることができるのです。

女性学の誕生と広がり

第二波フェミニズムの胎動は、教育、学問にもインパクトを与えました。大学改革運動とフェミニズムとが結びついて生まれたのが女性学（women's studies）です。

その渦中にあったアメリカの大学では、女子学生が立ち上がり、単位取得にこだわらず女性学の授業を自主的に開講して、正規のカリキュラムとして認定するよう、学部教員に対してロビー活動を行いました。こうした運動が功を奏し、一九六九年には女性学の初の単位認定授業がコーネル大学で開講され（諸説あり）、翌年からは多くの大学がこれに続きました（オルバー 2017: 26）。

ニューヨーク、シカゴ、カリフォルニア、オレゴンの州立大学や東部海岸の私立女子大学を皮切りに、全米各地で女性学講座が開講されていきました。その後の広がりは目覚ましく、一九七三年には全米で一〇〇以上の講座が成立し、一九八一年には約三〇〇〇の大学で三万以上の講座が開設されるに至ったといいます（井上 2011: 6-7）。

イギリスでは、一九六〇年代後半に成人教育の分野に携わっていた女性たちが女性学コースをつくり、やがて大学に浸透していきました。一九八〇年にケント大学で最初の女性学の修士号が授与されました（タトル 1998: 439）。

日本では、一九七〇年代に女性学が紹介され、井上輝子による「女性の、女性による、女性のための学問」との定義が知られています。

女性学は、既存の学問領域における暗黙の男性中心主義を問い直し、学問領域のなかに女性の分析視点を盛り込むこと、女性を対象にすえた女性による学問領域を創造していくことを特徴としています。女性の経験や業績は、大半の学問分野で無視されるか、過小評価され続けてきた経緯がありました（井上 2011）。

七〇年代には女性学関連の学会が相次いで発足し、女性学関連講座を置く大学が現れました。八〇年代以降、女性学、ジェンダー関連科目は全国の大学、短大で導入されました。二〇〇〇年代には日本の高等教育機関（大学・短大）のおよそ半数で女性学・ジェンダー関連科目が置かれ科目数は二〇〇〇を超えました（内藤 2003）。女性学・ジェンダー研究の専攻領域をもつ大学院も設置されています。

女性学は、専門知識や理論の追究だけではなく、社会的活動、個人と社会の変化・変革につながる運動と相互に連関してきました。その意義は、女性視点による学術と実践の融合、既存の知識・学問への批判的視座、そして女性のエンパワーメントに寄与する実践的力の創造を企図してきた点にあります。

男性学

女性学の登場以後、日本でも九〇年代にはジェンダー研究の展開があり、さらに女性学のカウンターパートとしての男性学の紹介がありました。

男性学（men's studies）は、フェミニズムから生み出された女性学（既存の男性中心の学問に対する異議申し立て）を経て、男性側からのリアクションとして発展したものです。男性学、男性性研究と呼ばれる学問領域は、社会的につくられた「男らしさ」を問い直し、固定的なジェンダーのあり方が女性だけでなく男性にも抑圧的に作用することを指摘します。そして男性支配の正当化メカニズムにかかわるヘゲモニックな男性性研究などを生み出しています（多賀 2016; 伊藤 2017）。

現代のジェンダー研究は、広義には、ジェンダー視点から行われる調査研究、理論構築、実践的研究、方法論のすべてを含みます。女性学、男性学、ＬＧＢＴＱやクィア理論を含み、女性、男性、セクシュアル・マイノリティの視点に立つ、またその視点から展開した研究全体を指しています（木村ほか編 2013）。

ラディカル・フェミニズム——男性中心主義批判の知識論

ジェンダー研究の基盤となったフェミニズム理論にはいくつかの視点、特徴があります。第二波フェミニズム、さらにその後のフェミニズム理論の展開を知識のとらえ方を中心に見ていきましょう。

第二波フェミニズムの代表格の一つ、ラディカル・フェミニズムは、知識の男性中心主義の問題性を問う点でまさに根源的（radical）でした。このフェミニズムの理論的貢献は、家父長制（patriarchy）の再定義、すなわち「男性による女性の体系的・総体的支配」の概念化にあります。

人間にとっての知識（knowledge）というとき、それは人＝男性（man）を暗に前提とし、女性の視点はどれほど取り入れられてきたのかを疑問視する立場は、知識の男性支配、知識伝達の家父長制的構造を批判し、既存の慣行に挑戦する女性中心の知識を提起することにつながったのです。

ラディカル・フェミニズムを、「差異」のフェミニズムと呼ぶことがあります。ラディカル・フェミニズムの流れを汲む文化派フェミニズム（cultural feminism）は家父長制的文化に対抗する、女性によるオルタナティブな文化の創造を目指しました。平和主義や環境保護に目配りする姿勢はエコロジカル・フェミニズム（章末キーワード参照）へと展開しました。

マルクス主義フェミニズム——資本制と家父長制の複合支配

第二波フェミニズムのもう一つの代表格が、マルクス主義フェミニズムです。マルクス主義フェミニズムは、ラディカル・フェミニズムが提起した家父長制概念を受けて、マルクス主義の批判的乗り越えを意図し、女性の従属の原因には、資本制だけでなく、家父長制のメカニズムが作動していると主張しました（ソコロフ 1987）。

欧米の教育研究では一九七〇年代から八〇年代、教育的不平等を資本制と家父長制の複合支配に関連づけて理解しようとするマルクス主義フェミニズムの視座が注目を集めました。既存の社会的・文化的再生産論におけるジェンダー視点の欠落を指摘し、学校教育が階級構造の再生産のみならず、セクシズム（性差別）に基づいた性別ステレオタイプを伝達しているとする分析枠組みや実証的研究が生み出されたのです（多賀・天童 2013）。

3 第三の潮流——フェミニズムの多様性

ポスト構造主義フェミニズム

一九八〇年代には、既存のフェミニズムへの批判的視点が登場しました。それまでの第一波・第二波フェミニズムで「女性に共通の経験」や問題とされていた事柄は、「白人・中産階級・異性愛」の女性のそれにすぎないのではないかとの懐疑が示されたのです。たとえば、性別二元論の問い直しを掲げたのはポスト構造主義フェミニズムです。

ポスト構造主義フェミニズムの立場に立つ代表的論者、ジョーン・W・スコットは、ジェンダーを「肉体的差異に意味を付与する知」と定義して、ジェンダーは「第一に両性間に認知された差異にもとづく社会関係の構成要素であり、第二に権力の関係を表す第一義的な方法」と述べました（Scott 1988=1992）。そして身体的性別とはかかわりのないはずの社会関係においても、問題を身体的差異へと還元することで、差異を正当化していく権力的関係を示唆しています（天童 2000）。

またジュディス・バトラーは『ジェンダー・トラブル』においてセックス／ジェンダー概念の転換を示しました。初期のフェミニスト研究者たちが性役割論において、生物学的性別（sex）と、社会的・文化的・心理的な性別としてのジェンダー（gender）を区別しようと努めたのに対して、バトラーは、この性役割論的セックス／ジェンダーの含意が、セックスがまず先にあり、それが自然なものとする前提があり、その「自然」な区別のうえに設定された二次的構築物としてジェンダーを位置づけることに疑問を呈します。バトラーの主張は、「セックス」それ自体が社会的なカテゴリーであり、ジェンダーがそうであると同様に、セックスもまた文化にかかわる概念であることを示唆しました（バトラー 1999）。

フェミニズムはみんなのもの

フェミニズムには多様な流れがあり（feminisms）、これまで挙げたフェミニズムのほかにも、多様性を示す代表の一つにブラック・フェミニズムがあります。ベル・フックスは『アメリカ黒人女性とフェミニズム』で「女とはだれか」と問いかけました（hooks 1981）。これはソジャーナ・トゥルース（アメリカの奴隷解放運動、女権拡張運動で活動）の“Ain't I a woman?”（私は女じゃないのかい？）の名言をふまえたものです。

ほかにもエコロジカル・フェミニズム、開発途上国の女性の連携を視野に暴力の廃絶や平和構築を求めるグローバル・フェミニズム、西欧中心主義の文化支配を問うポストコロニアル・フェミニズム（トリン 1995; モーハンティー 2012、章末キーワード参照）など、越境的なフェミニズムの展開があります。

前述のフックスは、男女を問わず「家父長制の束縛から解き放たれる希望」を見出すフェミニズムの可能性を指摘し、性差別や支配のない世界に生きるための「未来を開くフェミニズム理論は今後も創られ、手直しされて、今ここに生きているわたしたちに届くだろう」と述べています（フックス 2020: 10, 181）。フェミニズムはみんなのものなのです。

考えてみよう

- 女性の参政権獲得の経緯を、日本の事例で調べてみましょう。
- 国際的な女性の地位向上に向けてどのような取り組みがあるか、調べてみましょう。
- フェミニズムには多様な流れがあります。代表的フェミニズム理論、また関心をもったフェミニズムについて調べてみましょう。

知っておきたいキーワード

エコロジカル・フェミニズム ecological feminism

ラディカル・フェミニズムの流れを汲み、自然の生態系と人間との調和のとれた完成性を目指すエコロジー主義とフェミニズムを統合する思潮。男性中心の家父長制的抑圧は、利益、進歩の名のもとに自然を収奪するとし、女性性、身体性の復権によってエコロジー的危機にある社会を救うとする考え方。女性性の礼賛、母性の過度の強調への懐疑もいわれるが、男性中心的な価値、科学、知識、テクノロジーに対して、持続可能な地球経済、地球環境に向けたパラダイム転換を求める可能性をもつ。

ポストコロニアル・フェミニズム post-colonial feminism

西洋的フェミニズムの学問思想に対して、ポストコロニアル・フェミニズムの立場からは、(旧)植民地と宗主国の関係に基づいて、「第三世界」の女性と文化を他者としてコード化する西欧中心主義の文化支配が問われた。チャンドラー・T・モハンティは、第三世界女性をめぐる西洋的フェミニストの言説を批判的に検証し、「女性の解放」を主張しつつも、実のところ、第三世界の女性たちの生活と闘いを言論的に植民地化することで成立している点を批判した。

さらに学ぶための本

『オランプ・ドゥ・グージュ――フランス革命と女性の権利宣言』オリヴィエ・ブラン(辻村みよ子監訳)、信山社、二〇一〇年

『30周年版 ジェンダーと歴史学』ジョーン・W・スコット(荻野美穂訳)、平凡社、二〇二二年

『フェミニズムはみんなのもの――情熱の政治学』ベル・フックス(堀田碧訳)、エトセトラ

ブックス、二〇二〇年

『フェミニズム理論』（新編　日本のフェミニズム2）天野正子ほか編、江原由美子解説、岩波書店、二〇〇九年

第2章　働くこととジェンダー

1　女性の活躍とワーク・ライフ・バランス

日本では男女雇用機会均等法（一九八五年制定）から三〇年後、二〇一五年に女性活躍推進法が制定されました。政府が積極的に女性の「社会的活躍」を後押しする政策に乗り出したことの表れともいえます。女性活躍推進法は、男女共同参画社会基本法（一九九九年）の基本理念に則り、女性の職業生活における活躍を推進し、豊かで活力ある社会の実現を図るものとされています。

政府はまた、二〇〇七年にワーク・ライフ・バランス憲章を策定しました。ワーク・ライフ・バランスは「仕事と家庭生活の調和」のことです。「国民一人ひとりがやりがいや充実感を感じながら働き、仕事上の責任を果たすとともに、家庭や地域生活などにおいても、子育て期、中高年期といった人生の各段階に応じて多様な生き方が選択・実現できる社会」と説明しています。

労働経済学の分野から「ジェンダー格差」に言及した川口章は、ワーク・ライフ・バランスの実現がジェンダー平等の必要条件と述べ、その実現が困難な背景には、家庭での性別役割分担と、企業による女性差別が一体となって、貧弱なワーク・ライフ・バランスを存続させていると指摘しました（川口 2008）。法律上の育児支援の拡充が進んでも、職場に利用しにくい雰囲気があったり、利用者が不利益を受けたり、女性に偏った利用となってしまえば、女性・男性双方の「仕事と家庭生活の調和」には程遠い状況になってしまいます。もっとも、ワーク・ライフ・バランスの取り組みは、働きやすい環境の整備によって企業にとっても、従業員の就労意欲の向上や能力ある人々の就労継続にプラスの効果をもたらすとの見方もあります（大沢 2006）。

さらに、労働の場での男女間の非対称や序列化は、女性にとって不利益となるばかりでなく、男性にとっても稼ぎ手役割の自明視、長時間労働、ケア役割からの疎外など「男らしさの呪縛」による困難をもたらします（多賀 2022）。男性にとってのケアの保障、男性のライフ・キャリアの視点もまた重要な課題です。

働くこと、生活することをめぐって、世界のジェンダー状況はどうなっているでしょうか。労働や生活時間のジェンダー格差とはどのようなものでしょうか。国際比較のデータをもとに考えてみましょう。

2　ジェンダー化された労働

ジェンダー格差

労働の場におけるジェンダー格差とは、性（ジェンダー）を理由に、雇用上の不利益を片方の性、とくに女性が被り、社会的・経済的格差が生み出されることです。日本は男女間の賃金格差が大きく、それが生じる理由として、勤続年数の差異、管理職女性の少なさ、性別ごとの職務分離といったことがあります。さらにいえば、女性が多い職種の賃金が低く抑えられる、不安定雇用の女性比率が高いといった、社会構造的な性差別、性役割を背景に生み出されてきた格差があります。

家事・育児・介護は女性の役割とする社会的・文化的慣行、職場の暗黙の性差別的労働環境、女性の昇進を阻む見えない壁（ガラスの天井）、そのような障害を是正するための施策や法整備が続けられています。

日本の現実、世界の状況

まず日本の女性労働の状況を見ましょう。日本の就業者数は、二〇二一年で女性三〇〇

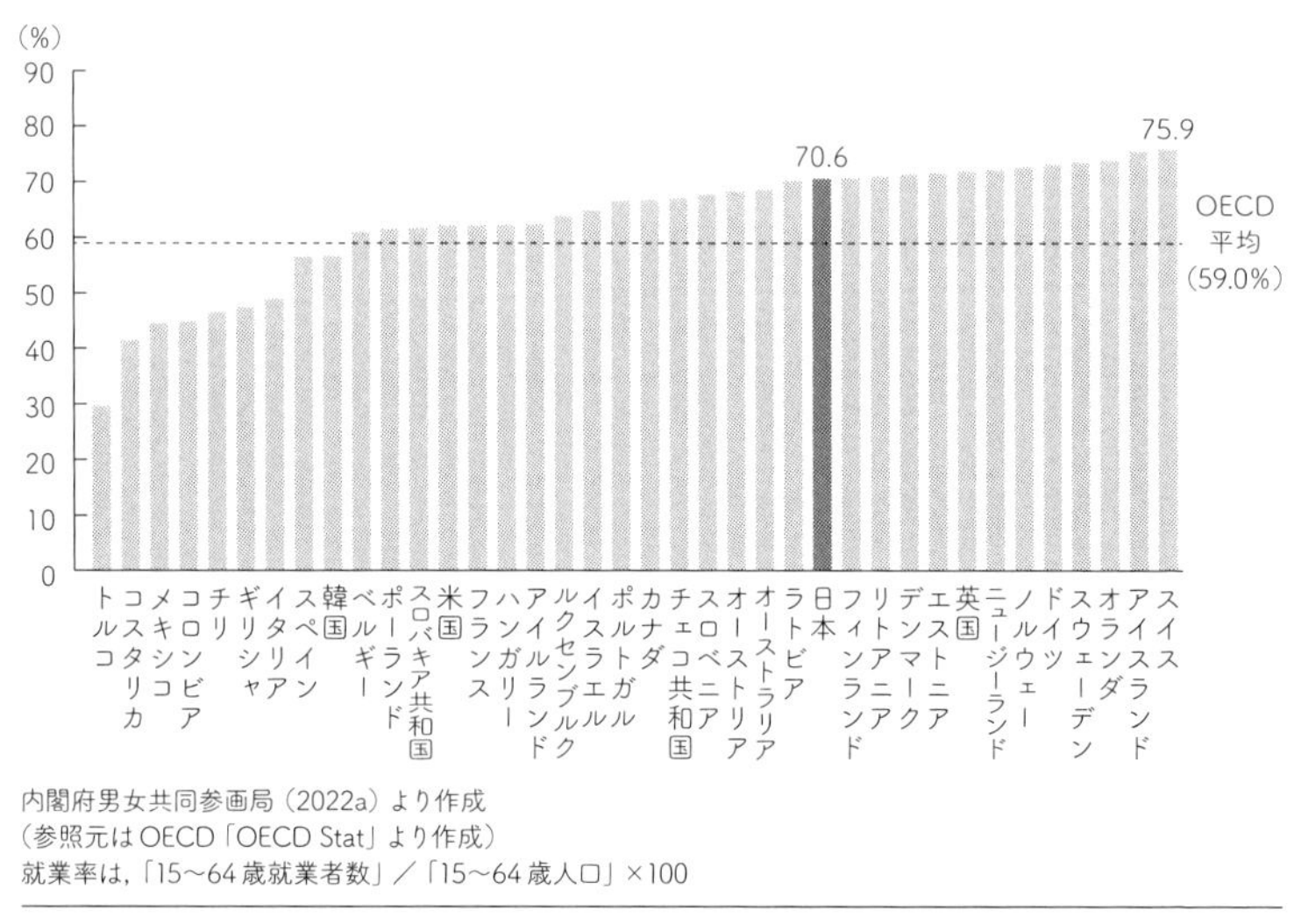

内閣府男女共同参画局（2022a）より作成
（参照元はOECD「OECD Stat」より作成）
就業率は，「15～64歳就業者数」／「15～64歳人口」×100

図２－１　OECD諸国の女性（15～64歳）の就業率（2020年）

二万人、男性三七一一万人で、女性の就業率は上昇傾向にあります（内閣府男女共同参画局 2022a）。

日本の女性労働の現状を、ＯＥＣＤ（経済協力開発機構）のデータをもとに、国際比較のなかに位置づけてみましょう。日本の女性の二〇二〇年の就業率は七〇・六％で、三八か国中一三位となり、ＯＥＣＤ平均を上回りました（図2―1）。

少し前のデータですが、ＯＥＣＤの比較では、男女別の年齢階級別労働力率にかなりの違いが見られました（内閣府男女共同参画局 2015）。

日本の男性の生産年齢人口（一五―六四歳人口）における労働力率は、ス

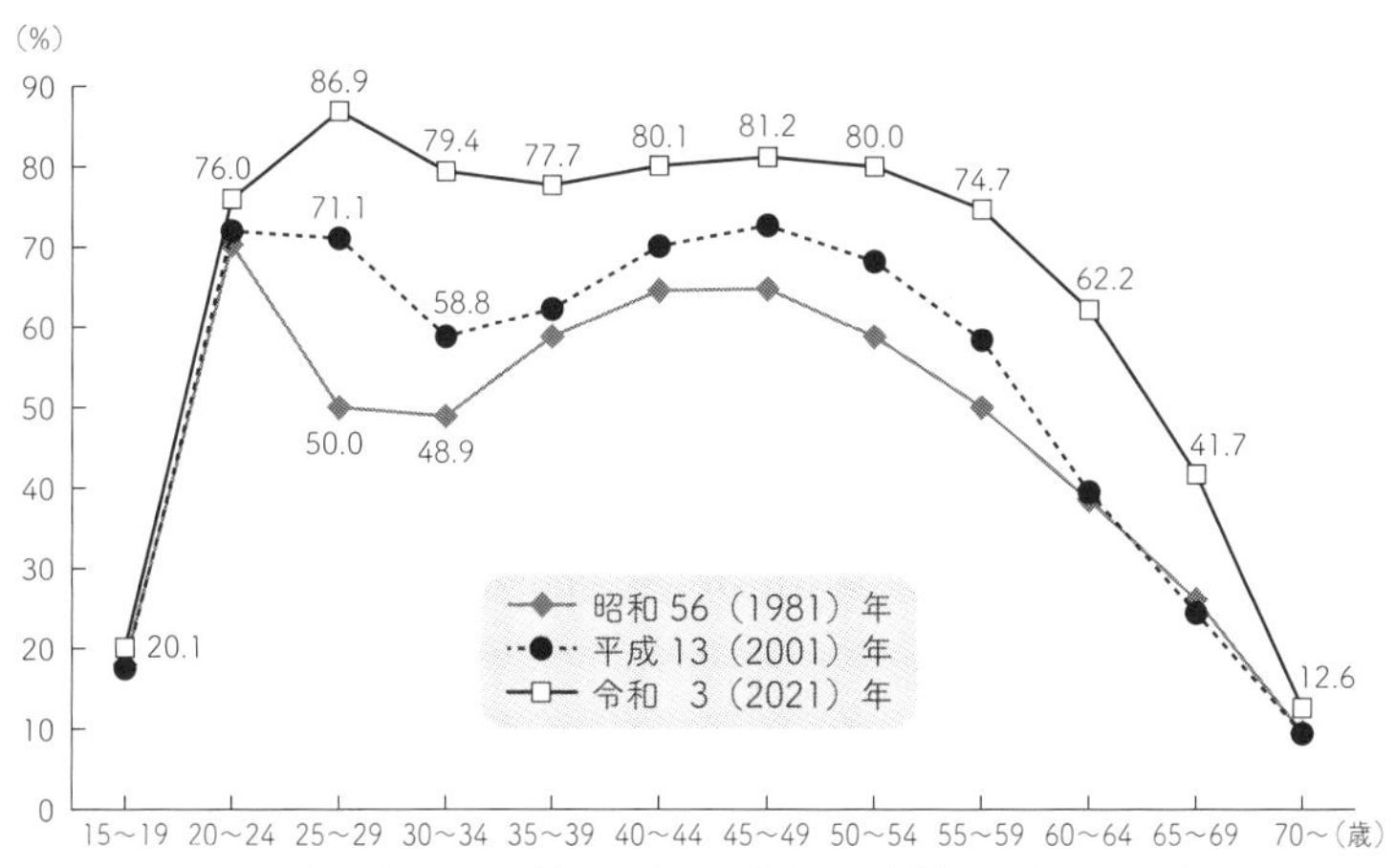

内閣府男女共同参画局（2022a）より作成（参照元は総務省「労働力調査（基本集計）」より作成）
労働力率は，「労働力人口（就業者＋完全失業者）」／「15 歳以上人口」×100

図 2－2　女性のＭ字型労働曲線の推移

ウェーデン、ドイツとともに世界でも高い水準にあり、年齢階級別では、とくに五五歳以上において諸外国より高い傾向にあります。

一方、日本の女性の生産年齢人口におけるる労働力率はアメリカやフランスとほぼ同水準ですが、年齢階級別に見ると、韓国と並んで、三〇歳代に落ち込みが見られる「Ｍ字カーブ」を描いていました（図２―２）。

Ｍ字型曲線の底は上がったか

日本の一五歳以上の女性の労働力人口比率を年齢階級別にグラフ化すると、二つの山をもつＭ字カーブを描くことが知られています。学校卒業後に就労し、二〇歳代で高い労働力率になるもののの、その後結婚・出産・育児で退職し、子育てが一段落したところで再び仕事に就くことで再上昇する、これをグラフに表すと、アルファベットの「M」に似た曲線になることからM字型労働曲線と呼ばれています。

女性労働に見るM字カーブは、「仕事と家庭生活のトレードオフ」の状態で、仕事か子育てかの「二者択一」を女性側にもたらしてきた日本の性別役割分業体制を示すものです。もっとも、日本女性のM字型曲線は次第に変化し、一九七〇年代には二五歳―二九歳であった谷底が一九八〇年代には三〇歳―三四歳へと移行し、二〇二〇年代はさらに谷は浅くなっています。このような現象の背景には女性の晩婚・晩産化、子育て年齢の上昇、少子化による子育て期間の短縮といった女性の生き方の変化、ライフコースの変化が見て取れます。

賃金格差、不安定就労

日本の女性労働において、男女間の賃金格差、非正規雇用就業者に女性が多いといった課題があります。賃金格差では、男性一般労働者の給与水準を一〇〇としたときの女性一般労働者の給与水準は七五・二、正社員正職員の男女間では、男性の給与水準を一〇〇としたときの女性の給与水準は七七・六（二〇二一年）で、縮小傾向にはあるものの、国際的に見ても男女間の賃金格差の縮小は依然として大きな課題です（ＯＥＣＤ平均 男性フルタイム労働者の賃金を一〇〇とした場合女性 八八・四、内閣府男女共同参画局 2021a)。

とりわけ日本では、雇用の調節弁となりやすい不安定就労者に女性が多い実態があります。二〇二一年の非正規雇用労働者は、男性六五二万人（二一・八％）、女性一四一三万人（五三・六％）（内閣府男女共同参画局 2022a）、またコロナ禍では学校の一斉休校、保育園休園といった「緊急時」に家庭で子どもの世話を担うのは女性といった性別役割分業が再強化された面は否めません（周 2020）。緊急事態宣言が発出された二〇二〇年四月には、男女ともに前月と比べて就業者数が大幅に減少し、女性は七〇万人の減少、男性は三九万人の減少、休業者数の推移（二〇二〇年四月に大幅に増加）では、女性は前年同月差で二四九万人の増加、男性は一七一万人の増加と、女性の就労により大きな影響がありました（内閣府男女共同参画局 2021b）。

3 生活時間の国際比較

日常生活にはどのようなジェンダーの差異があるでしょうか。ワーク・ライフ・バランスは「仕事と家庭生活の調和」とされていますが、もともとは専門的仕事と私的生活のバランス（the balance between professional work and private life）がとれた暮らしのことでした。はた

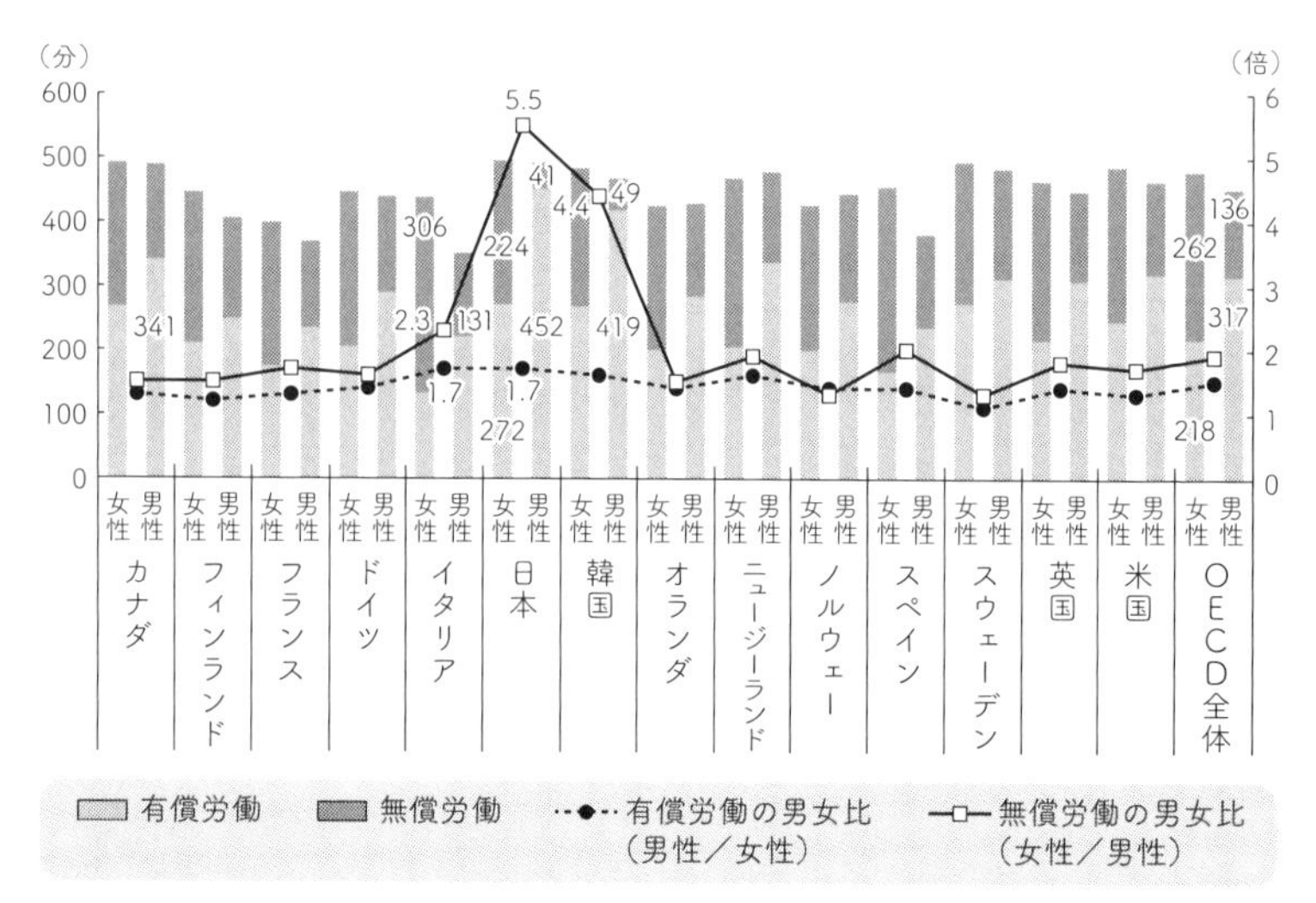

内閣府男女共同参画局（2020）より作成（参照元はOECD「Balancing paid work, unpaid work and leisure（2020）」をもとに作成）
有償労働は，「paid work or study」に該当する生活時間，無償労働は「unpaid work」に該当する生活時間。「有償労働」は，「有償労働（すべての仕事）」「通勤・通学」「授業や講義・学校での活動等」「調査・宿題」「求職活動」「その他の有償労働・学業関連行動」の時間の合計。「無償労働」は，「日常の家事」「買い物」「世帯員のケア」「非世帯員のケア」「ボランティア活動」「家事関連活動のための移動」「その他の無償労働」の時間の合計
調査は，2009年〜2018年の間に実施されたもの

図2−3　男女別に見た生活時間の国際比較（1日当たり，週全体平均）

して、日本の男女の生活時間はバランスのよいものでしょうか。次に生活時間に注目しましょう。

ＯＥＣＤが二〇二〇年にまとめた生活時間の国際比較データ（一五―六四歳の男女を対象）によると、日本は、男性の有償労働時間（賃金労働時間）が極端に長く、女性の無償労働時間が長いという、性別ごとに賃金労働と無償労働の特徴が顕著な、いわば「ジェンダー化された生活時間」であることが見えてきます。さらに

男女とも有償・無償を合わせた総労働時間が長いことも指摘されています。

図2―3に見るように、有償労働時間のOECD平均は女性二一八分、男性三一七分で、有償労働時間が長いのは、比較国中、日本男性（四五二分）、韓国男性（四一九分）、次いでカナダ男性（三四一分）です。一方、無償労働時間が短いのは日本男性（四一分）、韓国男性（四九分）、次いでイタリア男性（一三一分）となっています。日本男性は有償労働時間が際立って長く、都市部の長時間通勤も考えれば、生活時間のアンバランスが顕著です。

女性については、二〇二〇年の日本女性の有償労働の時間は二七二分となりOECD平均（二一八分）を大幅に上回りました。また有償労働時間と無償労働時間の合計時間（総労働時間）は日本女性（四九六分）と、比較国中最長でした。さらに女性の睡眠時間や食事の時間といった「パーソナルケア」に必要な時間が短いことが指摘されています。

このデータからは、ペイドワークも、アンペイドワークもこなして、自分の睡眠時間さえ減らしている日本女性の労働と生活の現状が透けて見えます。

私たちは男女ともに、生活者の目線で、ウェルビーイングなライフ（生き方）とワーク（働き方）の見直しをしていく必要があります。

4 働き方とジェンダー平等——ジェンダー格差を超えて

法的整備とジェンダー

ジェンダー格差の是正に向けて、欠かせないのは法律です。労働法は、一般に、労働問題に関するさまざまな法律の総称のことです。労働基準法、労働組合法のほか、男女雇用機会均等法、育児・介護休業法、パートタイム労働法など、ジェンダーと労働にかかわる法も含まれます。ハラスメント防止、賃金格差の是正、就労形態によらず尊厳をもって働ける法的整備も必要です（浅倉 2004）。

企業における女性の雇用促進や管理職比率の上昇を後押しする施策であるポジティブ・アクション（暫定的特別措置）、男性の育児休業促進のための「パパ・ママ育休プラス」等の施策もあります。また二〇二二年七月には政府の決定により対象企業における男女の賃金格差開示が義務化されました。

職場でのセクシュアル・ハラスメント、親密な関係性のなかの暴力、DV（ドメスティック・バイオレンス）の問題も深刻です。女性に対する暴力は人権侵害です。DV防止法（二〇〇一年制定、その後改正）、ストーカー規制法（二〇〇〇年制定、その後改正）と法的整備はあるものの、ＤＶやストーカー対策は、被害がおこった後では遅いのであり、予防と再発防止の取り組みが欠かせません。「法は、人々のモラルや規範意識に支えられてはじめて法益保護の機能を果たすことができる」（小島 2023: 5）のです。

社会に構造化されたジェンダー格差の是正に向けて、働く当事者、生活者（男女）が声を上げ続けていくことも大事です。

ジェンダー平等後進国・日本の課題

世界経済フォーラム（ＷＥＦ）が毎年発表する「ジェンダー・ギャップ指数」は、男女間の不均衡を政治、経済、教育、保健の四分野のデータをもとにして指数化したもので、四分野の主要項目の中身は、政治的権限（意思決定構造における代表者）、経済への参加および機会（給与、参加レベル、技術職での雇用機会）、基礎教育から高等教育まで与えられる機会、健康および寿命です。日本は二〇二二年公表の順位で一四六か国中一一六位（二〇二三年一二五位）で、主要七か国（Ｇ７）では最下位です（図2―4）。このようなランクの背景には、政治分野で女性の参画が極端に少ないこと（国会議員に占める女性割合の低さ）や、管理職の女性比率の低さ、男女間賃金格差、管理的ポジションの女性の少なさに代表される経済分野の不均衡があります（World Economic Forum 2022）。

政治・経済といった公的領域における女性割合の低さは、意思決定の立場で女性がマイ

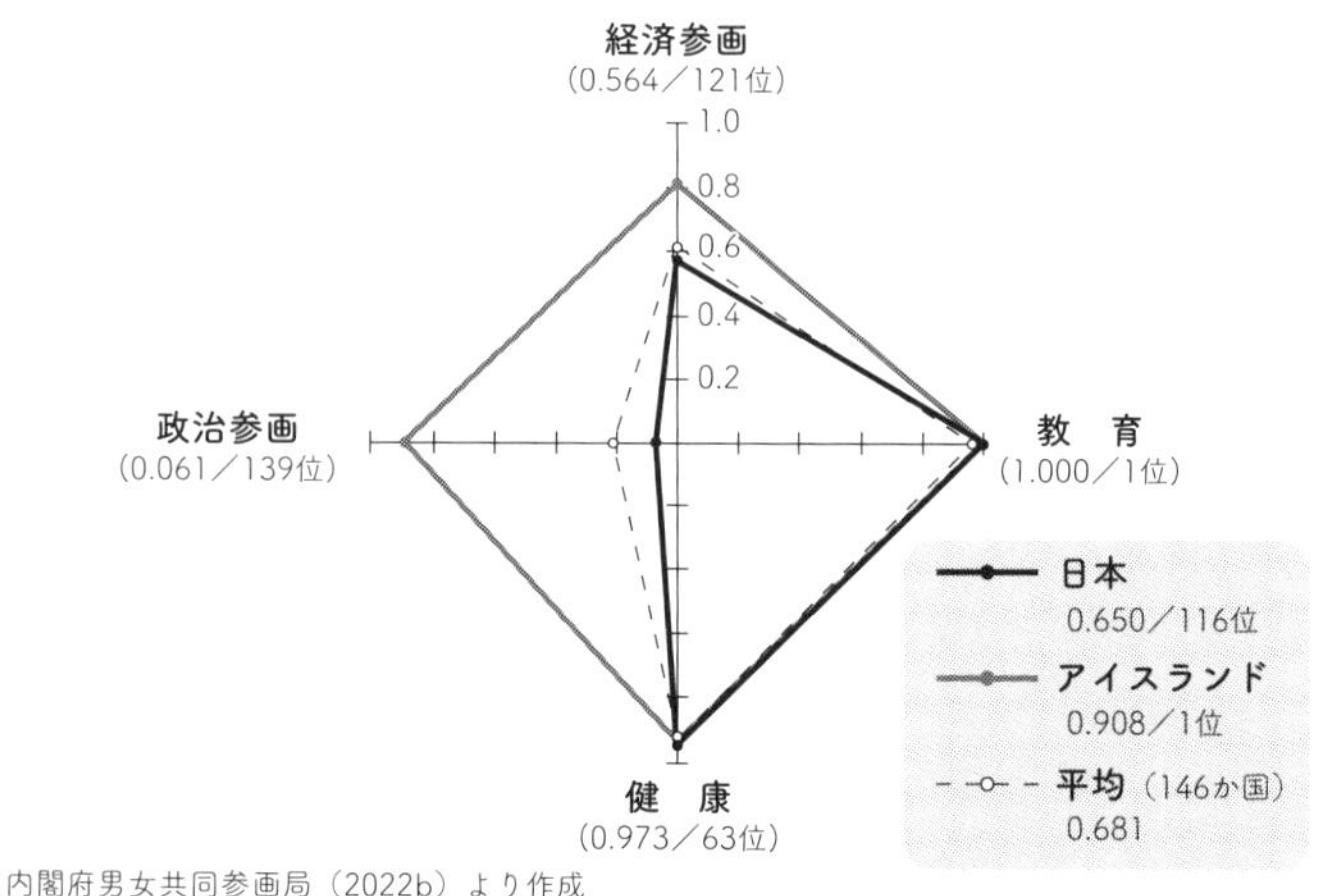

内閣府男女共同参画局（2022b）より作成
（参照元は世界経済フォーラム「グローバル・ジェンダー・ギャップ報告書（2022）」より作成）
グラフ上下左右の（　）内は，日本の数値

図2−4　ジェンダー・ギャップ指数（2022年）

ノリティ（少数派）であることを示しています。経済分野の女性のリーダーシップを例にとれば、諸外国と比べて、管理的職業従事者に占める女性の割合（一三・三％）、上場企業の女性役員の割合（一〇・七％）とも低い水準です（総務省二〇二〇年労働力調査など）。

働き方とジェンダー平等

女性の経済的自立を可能にする社会政策には、貧困の女性化を防ぐ取り組みが急務です。また夫婦（父母）そろった家族を標準化することなく、家族の多様性にも目配りをし、世帯単位から個人単位の保障への転換を考える必要があります。

職場では、企業社会のジェンダーの

不均衡な構造を見直し、女性リーダーを育てつつ、男性のケア（育児や介護）支援、ケア保障に向けた職場の意識改革が求められます。男性の生き方、家族意識や価値観もまた多様化しているのです。

「仕事か家庭か」の二者択一の時代を超えて、ペイドワークだけでなく、アンペイドワークの分かち合いに取り組む契機として、ジェンダー平等なライフスタイルを考えていきましょう。

考えてみよう

- 日本の女性と男性の働き方、生活時間のデータを調べ、どのような現状と課題があるかを考えましょう。
- 男女雇用機会均等法、女性活躍推進法など、日本の女性労働に関する法律を調べましょう。
- ジェンダー格差の是正に向けた施策について、国際比較の視点から調べ、どのような課題があるかを考えましょう。

知っておきたいキーワード

男女雇用機会均等法

一九八五年成立、一九八六年施行。日本ではそれ以前、労働法分野の男女差別禁止規定は、賃金差別を禁止する労働基準法四条しかなかった。正式名称は「雇用の分野における男女の均等な機会及び待遇の確保等に関する法律」。法律成立の背景には、国際的な女性の地位向上の動向があり、国連総会で一九七九年に採択された「女性差別撤廃条約」を日本が批准するために、賃金以外の男女差別を明確に禁止することが必要とされたことがある（日本は同条約を一九八五年に締結）。当初は、募集、採用、配置、昇進の機会や待遇の均等を事業主の明確な義務とせず「努力義務」と定めたため、実効性の弱い法律ともいわれたが、数度の改正を経てハラスメント防止規定なども盛り込まれている。

ポジティブ・アクション positive action

積極的差別是正措置、暫定的特別措置。過去の社会的・構造的差別によって不利益を被っている集団の人々に対して、一定の範囲で特別の機会を提供する「積極的差別是正措置」のこと。アメリカではアファーマティブ・アクションと呼ばれ、人種差別や出自によって、長らく不利な状況に置かれてきた被差別集団の立場を是正するために就職や職場での昇進などで積極的に優遇する措置のことである。欧州や日本ではポジティブ・アクションと呼ばれ、日本では主に女性の積極的雇用や昇進による、職場での女性差別是正、女性登用の取り組みとなっている。国によっては積極的な是正のためにクオータ（割り当て）制を導入する例もある。

さらに学ぶための本

『女性労働とマネジメント』木本喜美子、勁草書房、二〇〇三年
『女性差別撤廃条約の展開』山下泰子、勁草書房、二〇〇六年
『女性とライフキャリア』東京女子大学女性学研究所・矢澤澄子・岡村清子編、勁草書房、二

〇〇九年
『「働くこと」とジェンダー——ビジネスの変容とキャリアの創造』金谷千慧子、明石書店、二〇一一年
『なぜ女性管理職は少ないのか——女性の昇進を妨げる要因を考える』大沢真知子編著、日本女子大学現代女性キャリア研究所編、青弓社、二〇一九年

第3章　性と身体の自己決定

1　再生産とフェミニズム

「再生産」には多様な意味があります。ジェンダー視点からいえば、生命の再生産（妊娠・出産）、子育てという再生産労働、経済的・社会的分業の再生産、国家の人口再生産戦略も含まれます。

子どもを産むこと・産まないことは、女性の性的自己決定にかかわる課題です。歴史をたどると、性と生殖にかかわる決定権は、女性の心身に深くかかわるものでありながら、ときに女性の主体性とは離れたところに置かれてきました。日本でも、戦時下の人口増強政策、戦後の「優生保護法」の成立過程をひも解けば、いかに女性が「産む性」と位置づけられ、女性の身体が公権力による管理・統制のもとに置かれてきたかが見えてきます。

フェミニズムの視点からは、国家が人口政策のなかで女性の労働力と身体を管理しようとする「女性の植民地化」の問題が提起されてきました（ミースほか 1995）。性と身体の自己決定、「わたしのからだはわたしのもの」（My Body My Choice）といった主張は、再生産をめぐる管理・統制に対する女性たちの抵抗の歴史と見ることができます。

2 日本の妊娠・出産をめぐる政策変容

「産めよ殖やせよ」から出生率低下へ

妊娠・出産という再生産の営みは、個人的な事柄に思われますが、国家規模の人口再生産戦略と深くかかわるため、直接的・間接的な政治介入の場ともなってきました。

日本では戦時下に遡れば、昭和の戦中期、「産めよ殖やせよ」のかけ声のもとに出産奨励策がとられていました。避妊具の宣伝・販売は法律で厳しく制限され、中絶は堕胎罪によって禁止されました。戦時下、必要とされたのは、戦力となる「国家にとっての子ども」の産育で、国力増強のために出産奨励がなされ、産む性としての母性が強調されました（天童 2003: 15）。

敗戦後の日本は一転して、人口抑制政策へと舵を切ります。優生保護法が制定（一九四八年）され、中絶適応理由に「経済的理由」が入れられたことで、人工妊娠中絶が実質的に自由化・合法化されたことにより、急激な出生率低下が起きました。

戦後の中絶率（女子人口一〇〇〇人に対する件数）は一九四九年の三・三から一九五五年の五〇・二へと急増しました。戦後のベビーブーム期後の出生率の急降下は、避妊の普及というよりも、多くの中絶によってもたらされたのです。避妊実行率が四割を超え、避妊の出生抑制効果の割合が中絶を上回るのは一九六〇年代以降でした（阿藤 1999; 天童 2003）。

一方、社会構造の変化が出生行動に与えた影響も見ておく必要があります。戦後から高度経済成長期の産業構造の変化が、親の子育て意識、そして子どもの数の抑制に作用しました。農業中心から工業・商業中心へと産業構造が変わり、雇用者比率が著しく上昇するなかで、子どもにできるだけ「いい教育」を受けさせて、将来「いい職業」につかせたいとするメリトクラシー（能力主義・業績主義）のイデオロギーが、親たちの教育意識に広がりました。核家族化、都市化、居住環境といった生活様式の変化も相まって、子どもの数を抑えて一人当たりの教育の質を高める「少子化時代の育児戦略」が一般化していきました（天童 2004: 134-43）。

「優生保護法」と自己決定の侵害

法律面では、人口抑制にかかわって、戦後ほどなく議員立法によって成立した「優生保護法」には重大な問題がありました。優生思想に基づき、知的障害などを理由に国が不妊手術を推し進めるものだったことです。「優生保護法」は、一九九六年に母体保護法と名称が改められ「優生思想」的条文の削除がなされました。しかし、五〇年近くにおよぶ同法の継続は、障害のある人々の人権を侵害することと同義でした。

二〇一八年一月、宮城県に住む六〇歳代の女性が「不妊手術強制により、尊厳を侵害された」と声を上げ、初の国への提訴に踏み切りました。この女性は幼いころに受けた手術がもとで障害を負い、一〇代半ばで不妊手術を受けさせられ、その後身体的苦痛や、精神的苦痛を受けたといいます。

この宮城の女性が上げた声を契機に、各地で提訴が相次ぎ、被害者への「おわび」と一時金の支給を盛り込んだ議員立法の救済法ができたのは、二〇一九年のことです。

旧「優生保護法」のもとに障害があるとされた多くの女性、少女、少年が強制不妊手術を受けさせられたことが明るみに出ました。日本弁護士連合会の調べによれば、同法によりなされた中絶手術は約五万九〇〇〇件、不妊手術は本人の同意を得ていない一万六五〇〇件をあわせて約二万五〇〇〇件に上るといいます（毎日新聞二〇一七年一二月三日付ほか）。

裁判では二〇一九年五月、旧「優生保護法」を違憲とする判決（仙台地裁）が出され、子どもを産むかどうかを自ら決定できる「性と生殖に関する権利」が、幸福追求権などを規定した憲法一三条によって保障されていると判断、不妊手術を強制された人々は幸福を一方的に奪われ、「権利侵害の程度は極めて甚大」とされました。

3 リプロダクティブ・ヘルス／ライツと性的自己決定権

リプロダクティブ・ヘルス／ライツとは何か

リプロダクティブ・ヘルス／ライツ（Reproductive Health/Rights）が世界に広く知られるようになったのは、一九九四年、カイロ（エジプト）で開催された国際人口開発会議（ＩＣＰＤ：International Conference on Population and Development）においてでした。

リプロダクティブ・ヘルスは「人間の生殖システム、その機能と（活動）過程のすべての側面において、単に疾病、障害がないというばかりでなく、身体的、精神的、社会的に完全に良好な状態にあること」を指します（UNFPA 1994=1996）。

リプロダクティブ・ライツは「すべてのカップルと個人が子どもの数、出産間隔、出産時期を自由に決定でき、そのための情報や手段を利用できる基本的権利、および最高水準のセクシュアル・リプロダクティブ・ヘルスを得られる権利について認識することにある。また、差別、強制、暴力を受けることなく、妊娠・出産に関し意思決定が行える権利も含まれる」とされています（UNFPA 1994=1996; 国連人口基金 2005: 25）。

リプロダクティブ・ヘルス／ライツは、ジェンダー平等の中核であり、女性とその家族の福祉にとっても、不可欠な要素です。女性が安全に妊娠・出産でき、カップルが適切で安全なヘルスケア・サービス、家族計画の情報を得て利用できる権利といったことも含まれます。

リプロダクティブ・ヘルス／ライツにセクシュアルを加えて、sexual and reproductive health/rights（ＳＲＨＲ）とする表現もあります（章末キーワード参照）。セクシュアル・ヘルスは、自分の「性」に関することについて、心身ともに満たされ幸せを感じ、またその状態を社会的にも認められていることで、セクシュアル・ライツ（セクシュアリティ、性についての権利）を含め、「性と生殖に関する健康・権利」ととらえられるようになっています（ＩＰＰＦ 2019; ＪＯＩＣＦＰ 2022）。

国連の持続可能な開発目標（ＳＤＧｓ）（第６章キーワード参照）では、性と生殖に関する健康・権利は、目標三（健康）と目標五（ジェンダーの平等）に明確に言及されています。

性と身体の自己決定をめぐって――プロ・チョイス vs. プロ・ライフ

一九七〇年代、第二波フェミニズムが主張した「産む・産まないはわたし（女性）が決める」「わたしのからだはわたしのもの」といったスローガンは、女性の身体、性、生殖が国家の統制下にあるのではなく、女性自らが「性の自己決定権」をもつことを意味していました（荻野 2014）。

一方、「性と生殖に関する権利」について、とりわけ、中絶をめぐっては宗教的モラルを背景に、さまざまな意見対立が繰り返され、人工妊娠中絶が厳しく制限されている国もあります。

アメリカを例に見れば、一九七〇年代には妊娠初期の人工妊娠中絶を女性のプライバシー権として認める判決が出されました（一九七三年「ロー対ウェイド判決」）。これにより、女性が人工妊娠中絶を受ける権利が憲法で保障されるプライバシー権の一部であるとされ、全州で中絶が合法化される契機となりました。女性、少女の身体の安全と自己決定の自由において重要な転機でした。

ただし、一九七〇年代以降も、アメリカではプロ・チョイス（女性の選択の重視を掲げる中絶容認派）対プロ・ライフ（胎児の生命尊重を掲げる中絶反対派）の間で深刻な対立が続き、人工妊娠中絶を施術するクリニックの焼き討ちや暴力行為も起きました。女性の性的権利、身体の自己決定権、安全な医療をめぐる攻防は続いていたのです。

二〇二二年六月、アメリカ連邦最高裁は一九七三年の「ロー対ウェイド判決」を覆す判断を下しました。同年夏の中間選挙は、「中絶禁止法」の是非をめぐって権利擁護を指示するリベラル派と厳しい制限を課そうとする保守派との対立が争点となりました。

州によって、中絶を合法とするか違法とするか。厳格な「中絶禁止法」を課す州では、結果的に人工妊娠中絶への医療的アクセスが絶たれ、受けるために他の州に移動するか、闇中絶に頼らざるを得ないなど、女性たちが危険にさらされることになります。身体と再生産の政治性（ポリティクス）は、今なお女性の人権、健康、安全を脅かすものとなっているのです。

さらに「産む・産まない」の権利主張の議論にとどまらず、最も弱い立場の人々のニーズに応えるリプロダクティブ・ジャスティス（性と生殖の正義）も提起されています。女性の「選択権」（チョイス）に焦点を当てるだけでなく、選択の余地がないほどの生活の困難に直面している女性たちの「安全な共同体のなかで子どもを産み育てる権利」「性教育、避妊、暴力からの保護」を求める運動が展開しています（Stevenson 2019=2022: 129–30）。

命の選別とジェンダー

再生産とジェンダーのかかわりについては、男女児の人口不均衡に言及しておきたいと思います。

開発途上国を例にとれば、インドの一部地域で男女児の人口比率の著しい不均衡が見られた例もあります。インドの子どもの性別比は男子一〇〇に対して女子はすべての州で一〇〇を下回り、とくに北西部で男女児の不均衡な人口比率が顕著でした（シーガー 2005）。

経済学者でノーベル賞受賞者のアマルティア・センは、一九九〇年代に“More than 100 Million Women are Missing”を著してアジアの一部で起きている男女の人口不均衡に警鐘を鳴らしました（Sen 1990, 2003）。

この状況の背景には、宗教的・文化的規範に深く根差したジェンダー格差があります。女性は経済的価値が低いとみなされ、結婚や新婦の持参金（ダウリー）の慣行のもとに、胎児段階で超音波診断を受け、女子なら産まない、生まれても女の子なら育てない、医療的ケアを受けさせないといった、命の選別がなされる現実があります。性差別は子どもの生きる権利を奪うものなのです。

途上国の一部地域で見られる男女児の著しい人口不均衡、中国で長らく続いた一人っ子政策、国家規模の人口政策が女性や少女の命と尊厳、ＳＲＨＲとどうかかわるかを見極める必要があります。また、日本を含め、安全な妊娠・出産の環境、思春期の若者へのセクシュアリティに関する十分な知識、セクシュアル・ヘルス、リプロダクティブ・ヘルスについての適切で質の高い情報とサービスがいきわたっているかなど、丁寧に議論すべき課題があります。

リプロダクティブ・ヘルス／ライツは、女性、男性の生涯にわたる心身の健康とウェルビーイング、性的自己決定にも深くかかわる事柄なのです。

4　少子化対策はだれのためか

　本章では最後に、日本の少子化対策と子育て支援について述べておきます。

　日本では一九九〇年代以降、少子化問題への社会的関心が高まりました。とはいえ、合計特殊出生率（女性が一生涯に産む平均子ども数）の低下に歯止めがかからない状況が続いています。将来の労働力不足、経済成長の低迷、社会保障の破綻につながりかねないとの危機感で、少子化対策が政治的議論の的になりました。

　政府は二〇〇三年「少子化社会対策基本法」の制定・施行、「少子化社会対策会議」の設置、二〇〇四年の「少子化社会対策大綱」策定を経て、二〇一〇年の「子ども・子育てビジョン」、二〇一二年の「子ども・子育て支援新制度」等の施策を具体化してきました。しかし、二〇一〇年代以降も出生率は上向きにはならず、二〇二二年の合計特殊出生率（TFR）は一・二六（過去最低の二〇〇五年に並ぶ）、出生数は七七万七四七人と統計開始以来、初めて八〇万人を割り込み、過去最低となりました。少子化対策を急ぐ政府は、二〇二三年に「異次元の少子化対策」を打ち出し、児童手当の拡充や男性の育児休業制度の促進などを挙げました。

もっとも、出生率低下の傾向は日本に限ったことではなく、第二次世界大戦後の欧米でも見られたものです。一九九〇年代にはとくにドイツ、イタリアの低出生率が際立ちました。日本より早く、一九六〇年代半ばには出生率低下が顕著になったドイツにおいて、子どもという存在がさまざまな政策分野の政治的危機管理上、一気に問題を解決してくれる「切り札」として注目されたといいます（ベック＝ゲルンスハイム 1992）。

東アジアに目を向ければ、一九七〇年代には比較的高い出生率であった韓国、シンガポール、台湾、香港といった国・地域が、一九八〇年代に一気に出生率低下に転じ、二〇〇〇年以降、日本よりもさらに低い「超」低出生率となっているところもあります。たとえば韓国の合計特殊出生率は一を下回り（〇・七八、二〇二二年）、顕著な低下傾向が見られます。

出生率の低下要因は複合的なもので、対応策もさまざまに検討される必要があります。国際的には、一九九〇年代には手厚い家族政策、子育て支援策をとった北欧やフランスで出生率の増加傾向が見て取れたことが、ヒントになるかもしれません。

日本を含む東アジアの共通項は、大きく見れば子どもの産育・教育が「私的責任」とされていて、公的支出の割合が小さいことです。いわば子育ての「私事化」が加速し、家族責任が強調され、子どもに教育投資をするには子ども数を抑えて教育の質を高める「少子化時代の育児戦略」（第4章）が進行しているといえます。未来を担う子ども政策においては、まず「すべての子どもの育ちの保障」という社会に開かれた育児環境づくりが検討されるべきでしょう。

公的な子育て支援は大事な施策であり、子どもや家族にやさしい当事者目線の政策の熟慮、地域レベルの安心できる医療体制、社会で子どもを育てるトータルな育児支援の環境整備、子どもの権利保障などの一層の充実が求められることはいうまでもありません。

本章で歴史的、国際的に見てきたように、子どもをめぐる国家政策の動向には、だれにとって、いかなる支援となるのかを、女性も男性も見極めていく必要があります。ライフスタイルが多様化し、人生キャリアの選択が広がるなかで、重要なのは個人が自分らしく尊厳をもって生きる権利の保障です。

本章で取り上げたセクシュアル・リプロダクティブ・ヘルス/ライツは人としての尊厳、ウェルビーイングに深くかかわり、その権利は、差別、強制、暴力を受けることなく、産む/産まないことを含め、生き方の決定を行える権利であることをふまえておきましょう。

考えてみよう

- 日本の出生率の推移を調べ、どのような変化があったかを考えましょう。
- 性と生殖に関する健康・権利にかかわる政策について、日本、世界の動向を調べましょう。

● 子ども、若者がセクシュアル・ヘルス／ライツを理解するために、あなたはどのような教育が大切だと思いますか。考えてみましょう。

知っておきたいキーワード

SRHR sexual and reproductive health/rights

「性と生殖に関する健康・権利」。リプロダクティブ・ヘルス／ライツにセクシュアルを加えた、四つの概念が組み合わさったもの。セクシュアル・ヘルスは、自分の「性」に関することについて、心身ともに満たされて幸せを感じられ、またその状態を社会的にも認められていること、セクシュアル・ライツは、セクシュアリティ、「性」について、自分で決められる権利のこと。自分の愛する人、自分のプライバシー、自分の性的な快楽、自分の性のあり方（男か女かそのどちらでもないか）を自分で決められる権利である。

さらに学ぶための本

『「近代家族」とボディ・ポリティクス』田間泰子、世界思想社、二〇〇六年
『女のからだ――フェミニズム以後』荻野美穂、岩波書店、二〇一四年
『中絶がわかる本』ロビン・スティーブンソン（塚原久美訳）、アジュマ、二〇二二年

第4章　子育てはどう変わったか

1　育児戦略で読み解く家族と子育て

家族と子育ての変容

家族の役割と機能は不変ではなく、時代によって変わるものです。育児の営みは、現代では主に親や家族の手によって担われていますが、近代家族において、育児の主たる担い手は母親との前提で母親の育児責任が強調されてきました。たとえば、母性神話や三歳児神話に見る「育児言説」（章末キーワード参照）があります。一九六〇年代日本で広がった「三歳までは母の手で」との文言は、専門家の知見を巧みに言説生成に取り込みながら、戦後の高度経済成長期の性別役割分業体制の強化とかかわって、女性の家庭責任、母親の育児責任を強調する育児言説として浸透しました。一九九〇年代、厚生省（当時）は、一九九九年「育児をしない男を、父とは呼ばない」キャンペーンを開始し、メディアでは「父親の育児参加」への注目が高まりました。それはもともと

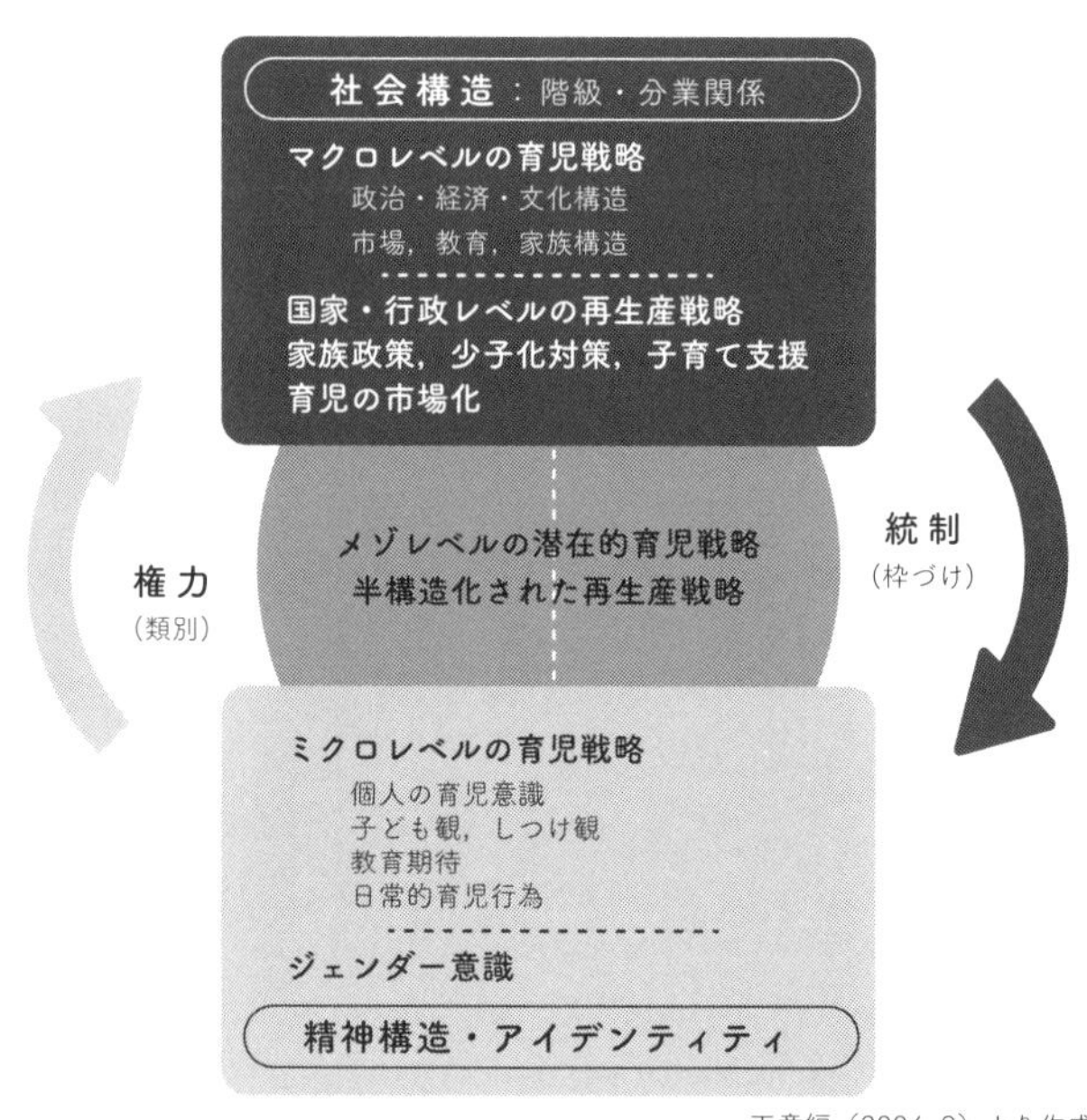

天童編（2004: 9）より作成

図4－1　育児戦略の概念図式

少子化対策の啓発推進を企図した政策の一環でした。

育児戦略とは何か

育児戦略の視点は、子どもの産育が親や家族のみの問題ではなく社会に構造化された再生産戦略、とりわけジェンダーの不均衡を内在化した戦略と不可分に結びついていることを見極めるものです。育児戦略の理論は、ふだんはヴェールにつつまれ、人々が気づかずにいる「見えない統制」を可視化する枠組みなのです。

図4―1に見るように、

育児戦略とは、一つには育児の担い手である親の産育意識、しつけ方、教育投資といった育児意識と育児行為の総称です（ミクロレベルの育児戦略）。それとともに親自身にも明確に意識されない、社会に構造化された暗黙の戦略を指しています（メゾレベルの潜在的育児戦略）。さらに、国家や市場といった政治経済的・文化的戦略（マクロレベルの育児戦略）を視野に入れ、日常的営みとしての育児と、社会構造的変化をつなぐ分析枠組みを示すものです。

図の理論的説明は別稿に譲りますが（天童編 2004: 8–16）、個人のミクロレベルの戦略と、マクロな社会構造に規定された育児戦略は、相互媒介的関係にあります。ある社会の育児・教育戦略は、客観構造（社会変化）を内在化する側面と、個人の「主体的」実践としての行為を外在化する局面の両方をもっています。これらの循環に、イギリスの教育社会学者バジル・バーンスティンが理論化した権力（類別、カテゴリー間の境界）と統制（コミュニケーションの枠づけ）という概念（Bernstein 1971, 1996）を加えて、育児戦略の概念モデルはつくられています。

本章では、育児戦略の視点で日本の家族と子育ての変容を読み解きましょう。

2 子育ての社会史——江戸から明治・大正期へ

「家にとっての子ども」——江戸期の社会化エージェントとしての父親

歴史を振り返ってみると、父親が子育ての主たる担い手であった時代があります。江戸時代に「子育ての指南書」や教育論の書物が相次いで著され、当時の出版技術の発達も相まって、育児書の隆盛がありました。書物が普及するには、識字力をもつ読者層の形成が必要で、その読み手は、武士階層を中心とする父親でした。

一七世紀後半から一八世紀に書かれた「子育ての書」には「子どものしつけや教育を家長の大任と心得」ることが記され、重要な子育ての目標は、「家にとっての子ども」、とくに「跡継ぎとしての男子」の社会化にありました。そのため、なかでも最も意識的に子どもの教育を行っていた武士階層では、男子の養育は家長としての父親の役割であり、「家」の継承責任を子に伝える公的意味をもっていました。他方、母親の役割は何かといえば、家父長制的家族のなかで、女性は子どもを産む役割、夫や舅の意思に従って実際の養育にあたることが求められ、子どもの社会化と教育は主に父親の責務とされていたのです。

このような「家にとっての子ども」観は、武士階層ほど意識的ではないものの、農民や町人の子育て意識にも当てはまるものでありました。家名〈屋号〉、家産、稼業の世代的継承という再生産の営みは、庶民の間にもあったからです。

また、「家」と村落共同体が密接なかかわりをもっていた江戸時代には、子どもの社会化は「村にとっての子ども」としての承認を意味しました。親から子への経験知の伝達は、隣近所や親族、寺社との付き合い方、村のしきたりや冠婚葬祭時のふるまい方など、村社会で生きていくための共同体的知識を含むものでした。その意味では、伝統的な子育ては、家族内部に閉ざされず、村落共同体のなかに開かれていたといえます。とはいえ、同時にその共同体は地理的共同性、文化的閉鎖性の強い「ムラ社会」の規範によって縛られてもいたのです（天童 2012）。

「家制度」と公教育の誕生——明治期の子育て

明治時代の到来は、家族の子育てに転換をもたらしました。急速な近代化、産業化、富国強兵の掛け声のもとに明治政府は、国民の生成と管理を推し進めました。

家制度はもともと、伝統的な武家の家の生活の統率者である家長のもとに、世代を超えて家名を存続・繁栄させる社会制度のことです。明治政府はこの封建的な「家」イデオロギーを利用して、「家」を国家の基本単位として位置づけ制度化し、国家が直接的に家族とその成員を管理する方法としたのです。戸籍法が制定されたのはこの時期です。

明治政府が急ぎ整えたもう一つのシステムは学制公布（一八七二年）による公教育の創出でした。学校教育という制度化された公教育の普及は、すべての子どもに学びの機会を提供する意味がありますが、もう一方で近代の学校教育制度の枠に子どもを囲い込み、「国家にとっての子ども」を養成する国家戦略の意味をもちました。そして学校教育の補完的役割をはたすものとして、家庭教育が「発見」され、その担い手（エージェント）として母親が注目されていきます。男性が生産労働、兵役の担い手として国民化される一方、女性は、次世代（子ども）の養育と家庭での教育という私的領域の再生産役割を担う存在とされました。良妻賢母のイデオロギーが登場し、「家庭」という私的領域の責務を担う「妻」役割、子育て責任を担う「母」役割が強調されました。

また、江戸から明治へと、社会体制が大きく転換するなかで、村落共同体からの自律性、独立性を高めた家族は、次第に閉鎖性やプライバシーの壁をもつようになりました。

「教育する家族」の萌芽——大正期の子育て

大正期の子育てと家族の特徴は「教育する家族」の登場にあります。日露戦争、第一次世界大戦を経て、産業化と都市化が進むなかで、日本では都市部を中心に、新中間層の家族が本格的に登場しました。

新中間層とは、資本家でも労働者階級でもない中間の階級的位置を占める階層であり、頭脳労働、俸給という所得形態、生活水準の中位性を特徴とします。新中間層の家族は、生産と消費の空間的分離、主婦としての女性役割、子どもへの教育的配慮を特徴とします。父親の職業は、官吏、教員、会社員、職業軍人など、近代化とともに生まれ、学校教育、とりわけ高等教育を経て就く近代的職業でした。それらは家業とはなりえず、親から子への直接的経験知の伝達という、旧来の共同体的社会化には限界があったため、親は子どもに、学校教育という制度化された「文化資本」（章末キーワード参照）を通して高い学歴を獲得させる必要がありました。そこで、子どもの将来と家族の社会的地位の再生産戦略のため、子どもの教育に高い関心を抱く「教育する家族」が誕生したのです。

大正期の「教育する家族」の再生産戦略は、出生力の抑制というかたちでも現れました。日本の出生率は一九二〇年代ころから緩やかに低下を始めますが、歴史人口学の研究では、出生数の低下はまず、都市部の高学歴層から始まったといいます。これは子どもの「数」を抑えて子育ての「質」を高めようとする育児戦略の先駆けといえるでしょう。

子ども中心的価値志向は大正デモクラシーの風潮のなかで新中間層に受け入れられたものの、やがて昭和初期、戦前期・戦時下の「戦力としての子ども観」の渦に飲み込まれていきます。一九三一（昭和六）年の満州事変、一九三七（昭和一二）年の『国体の本義』配布、翌一九三八（昭和一三）年の国家総動員法の公布など、国力増強を目的に「産めよ殖やせよ」の掛け声のもとに、出産奨励策が推し進められました。「産む性としての母性」が強調され、女性の身体は国家的管理のもとに置かれていったのです。

3 近代家族と子ども中心主義——高度経済成長期以降の子育て

性別役割分業と母性愛の強調

戦後の法制度改革によって、かつての家制度は消滅し、それを支えていた家父長制的家族規範に代わって、戦後日本の家族システムの支柱となったのは「近代家族」の規範です。近代家族とは、近代産業社会が生み出した家族の一類型で、ヨーロッパでは前近代社会から近代社会の移行に伴って登場した家族のことです。日本では第二次世界大戦後、一九五〇年代後半からの高度経済成長期に「近代家族」の理念と形態が一般化しました。

近代家族の特徴をまとめれば、家族以外の成員の排除、子ども中心主義、性別役割分業、母性愛イデオロギー、公/私の分離などが挙げられます。

近代家族は二つの「愛情革命」を伴って登場しました。一つは男女間のロマンティック・ラブ・イデオロギーとその延長上にある夫婦間の愛情関係、もう一つは子ども中心主義と結びついた母性愛の強調です。このような「愛こそすべて」ともいうべき家族志向は、ときに家族を周囲の共同体との境界線から隔離して、家族内の情緒的結合を強化しました。

そして、性別役割分業体制のもとで家族と子どもの世話を担うのは、妻・母である女性の役割とされていったのです。

育児メディアの変遷に見る戦略の変容

育児書や育児雑誌といった育児メディアの登場は、家族の外部環境からの隔離、配慮の対象としての子ども、「母であること」の責任の強化といった「近代家族」の子育てに求められた育児ツールの一つです。

育児メディア（育児書、育児雑誌）の登場と興隆は、主な読書層である母親たちの、子どもの健康、しつけ、教育への配慮と関心の高まりが大衆化したことによります。また、高度経済成長期以降の都市化、核家族化のなかで、初めての子育ての戸惑いや不安を抱く若い母親たちの多くは、親族ネットワークや地域のパーソナルな人間関係を通した育児情報の入手に替わる、情報資源を求めていました。それに応えたのが育児メディアだったのです。

一九六〇年代の育児書ブーム、続いて一九六〇年代末―七〇年代には『ベビーエイジ』（一九六九年）、『わたしの赤ちゃん』（一九七三年）の二大育児雑誌が創刊され読者を獲得しました。一九七〇年代前後の育児雑誌登場期は、ちょうど戦後のベビーブーム世代が出産・育児期を迎えた時期です。やがて、日本の合計特殊出生率は一九七三年の二・一四をピークに下降線を描き始めます。七〇年代の育児メディアは小児科医や子どもの発達に詳しい「その道の権威」による、赤ちゃんの発育、病気、しつけ方などの平易な伝達媒体として「よい子を育てる」情報誌としての機能が求められたといえましょう。

「母になること」の意識化――妊娠・出産情報誌の誕生

一九八〇年代、育児関連メディアは新展開を見せました。妊娠・出産情報誌の誕生です。『マタニティ』（一九八五年）、『P・and』（一九八五年）、『Balloon』（一九八六年）と矢継ぎ早に新雑誌が創刊されました。一九八〇年代は女性の社会進出、キャリア志向が広がり、晩婚・晩産化が進んだ時期です。

近代家族の性別役割分業体制のもとで、自明視されてきた結婚、妊娠・出産が、職業キャリアを視野に入れた女性のライフコースにおける「自己選択」の意味をもち始めました。とくに、「妊娠・出産期」は、数少ないライフイベントとして、それを成功裏になすための情報資源が必要とされ、マタニティ雑誌は読者層を獲得していきました。さらに一九九〇年代半ばには「妊娠を望む」女性向けに『赤ちゃんが欲しい』（一九九五年。二〇〇一年から季刊）と題する雑誌が出版され、のちにインターネットによる情報提供とタイアップしながら発行部数を保持していきました。記事内容には不妊治療も含まれ、子どもをつくる時代の意識の広がりとも読めます（天童編 2016: 159–60）。

共感型育児雑誌の登場

一九九〇年代の『たまごクラブ』『ひよこクラブ』（一九九三年）の創刊は、育児雑誌の登場以来の第二次ブームといってよいほどの興隆をもたらしました。一九九〇年代半ばには既存の育児雑誌の発行部数を追い抜き、当時の出版不況のなかでは異例の「売れ筋」となりました。

『ひよこクラブ』を例にとれば、一九九〇年代育児雑誌の特徴は、「妊婦や母はこうあるべき」という正当的・権威的メッセージよりも、読者の体験に基づく「参加型」情報メディアとして、たとえば隣のママの「本音の育児」に共感を覚える読者層に訴えかけたことです。

既存の老舗の育児雑誌が、正当育児の情報伝達、つまり専門家による啓蒙的・専門的知識のわかりやすい解説であったのに対して、上からの育児知識伝達媒体ではなく、身近な情報に共感したい水平的メディアが求められ、一九九〇年代育児雑誌は、読者モデル親子の多用、漫画を含むヴィジュアル化の特徴を強めていきました。

正当育児から、身近な体験談、失敗談に触れることで、育児の息苦しさからの「一時の解放」を母親たちは求めたのかもしれません。これはやがて、二〇〇〇年代以降のＳＮＳ時代の相互情報ツールにつながっていきます。

一九九〇年代のもう一つの特徴は、父親像の変容にありました。育児雑誌は一九六〇年代末の創刊当初から「父親の育児参加」に言及はしていましたが、一九九〇年代は「協力・参加」する父親像から「夫婦二人で育児する」対等な分かち合いができる父親像が志向されています。

とはいえ、一九九〇年代末の男性の育児休業取得率は〇・四％（一九九九年）で、言説レベルと実態の乖離があったことは否めません。「どうしてこんなにズレてるの？　パパの理想と現実」（『ベビーエイジ』二〇〇〇年一二月号）の特集では、仕事中心、理解不足、自己中心的「お困りパパ」への不満が吐露されています。

一九九〇年代半ばに、夫婦共働きの割合が専業主婦のいる家庭の割合と逆転する一方、日本の男性の長時間労働は顕著でした。母親たちのニーズを前に、仕事も子育てもママの話もちゃんと聞いてといわれても、「男はつらいよ」といいたくなる父親たちの声も聞こえてきそうです。

教育する父親向けメディア――二〇〇〇年代の新しい父親像

二〇〇〇年代、育児関連雑誌には新展開がありました。幼児から小学校低学年の年齢層の子どもをもつ親、とくにビジネスマンの父親を意識した教育雑誌の相次ぐ創刊です。『日経 Kids ＋』（二〇〇五年）、『プレジデント family』（二〇〇六年）を代表例に、父親と家庭教育重視の母親を読者ターゲットにした育児・教育雑誌が登場し、一定の発行部数を獲得しました。それらは「子育てと教育に積極的に参加する父親」像を記事内容に多分に織り込む誌面構成です。

父親向け育児メディアの登場の背景には、「父親の育児参加」を求める声への対応だけでなく、格差社会の言説の広がり、家庭責任や家庭の教育力を強調する育児言説の動向がありました。グローバル競争の激化を肌で実感するビジネスマンとその家族において、子どもの産育と教育戦略に敏感に反応した親たちのなかには、幼児期から子どもの将来的「成功」を願い、早期の教育投資の導入戦略に駆られる層が登場しました。

現代の家族は、個人志向家族であり、子ども本位の社会化が子育ての主流となっています。よって、一見子どもの主体性を尊重しつつ行うように見える、親の「見えない教育方法」を反映します。そこにはあからさまな見える統制ではなく、家庭の自己「選択」と「責任」の文脈で、子育ての私事化を加速させる「再生産の個人化」の戦略へと方向づけられる動きがあります。

ただし、すべての子育て期家族が格差社会のなかで子どもの投資を意識し、それを可能にする経済的・文化的資源を保持しているわけではありません。そのため、親のもつ経済的資源や文化資本の格差が、子どもの将来に影響を及ぼす「ペアレントクラシー時代の子育ての閉塞」と格差拡大のリスクが潜んでいます。

本章では家族の子育て問題とされる事柄が、教育、人口、地域、経済、政治といった広く複合的な領域にかかわる課題であることを見てきました。子育て問題を個々の家族問題に閉ざすことなく、社会的課題として位置づけ、育児という営みに潜む権力関係を解きほぐし、親や家庭責任のみを過度に強調する「見えない統制」を可視化していきましょう。

考えてみよう

- 日本の子育てはどう変わったか、家族、社会的背景を整理してまとめましょう。
- 育児の悩みや相談でSNS上どのようなやり取りが行われているでしょうか。育児情報の伝達方法の変化と、SNSのメリット、デメリットを考えてみましょう。
- 歴史的・または国際比較の視点から、日本または関心のある国や時代の育児言説について調べ、どのような背景からその言説が生まれたかを考えてみましょう。

知っておきたいキーワード

三歳児神話　myth of three-year-old child caring

三歳児神話は、子どもが三歳までは母親の手で育てるべきで、子どもの発達上影響があるとの考え方。精神科医のジョン・ボウルビィが、戦争孤児や家族から離された子どもに精神発達の遅れが見られたことから、子どもが健やかに成長するためには、三歳までに少なくとも一人の養育者との愛着関係が必要であるとし、これが「愛着理論」として広まった。日本ではこの説が、高度経済成長期の性別役割分業体制において伝達・受容された。

育児言説 child-rearing discourse

育児にかかわることばの束。言説（discourse）は「対話、会話、談話」などと訳される。育児言説は、育児について書かれたもの、語られたことが社会的権力関係と結びついて正当化され、人々に伝達され、社会に一定の影響を及ぼす言説となる一連の過程を把握する概念。たとえば母性神話、三歳児神話、父親の育児参加の強調など、政策やメディアを通して育児戦略が規制され、「日常的な育児」の言説実践が具現化される過程は、象徴的権力の配分と受容の具体例である。

文化資本 cultural capital

ピエール・ブルデューが提示した概念。三つの様態として、身体化された文化資本（振る舞いや話し方）、客体化された文化資本（物質として所有可能な文化財など）、制度化された文化資本（学歴、資格など学校制度や試験により賦与されたもの）がある。経済的資本と同様に一種の「資本」の機能を果たし、社会構造における序列と差異化の再生産にかかわる。

さらに学ぶための本

『母性という神話』エリザベート・バダンテール（鈴木晶訳）、筑摩書房、一九九一年
『育児戦略の社会学――育児雑誌の変容と再生産』天童睦子編、世界思想社、二〇〇四年
『育児言説の社会学――家族・ジェンダー・再生産』天童睦子編、世界思想社、二〇一六年

第5章 教育・スポーツ文化をジェンダーで問い直す

1 文化伝達と「隠れたカリキュラム」

文化伝達とジェンダー

アンコンシャス・バイアス（無意識の偏見）ということばを聞いたことがあるでしょうか。性にかかわる無意識の偏見や思い込みからの脱却には、型にはまった見方（ステレオタイプ）の問い直しが有効で、その契機は教育にあります。

ステレオタイプとはもともと「鋳型」のことで、ジェンダー・ステレオタイプ（性別ごとの固定的な見方、考え方）は、子どもが育つ生活環境や教育的営みを通して刷り込まれていきます。玩具、子ども向けの読み物、テレビ番組、ゲームといったメディア環境を含めて、男女間のステレオタイプはかなり早い段階から伝達され、学習されているのです。

ジェンダー・ステレオタイプは、保育者・教師と子どもの相互作用のなかでも生成されます。たとえば保育者や教師が何気なく発する「男の子は泣かない」とか、「女の子たち、静かに」といったことばかけは、性別を「自然な」差異とみなす、カテゴリー化の権力作用を助長していきます。

アメリカの教育社会学者ジーン・H・バランタインは、教育システムのあらゆる段階で、ジェンダー・ステレオタイプの再生産があること、また子どもに「人気」のテレビゲームでは女性を性的対象とする暴力的な内容を伴うものが少なくないことを指摘しています(バランタイン／ハマック 2011: 160-1)。

家庭でのしつけや幼児教育、学校教育といった知識伝達・文化伝達の場に、ステレオタイプの押し付けや男性優位の価値志向が潜んでいないか、ジェンダーに敏感な視点から日常的な育児・教育の営みを問い直す必要があります。

「隠れたカリキュラム」とは何か

学校という教育システムは、「平等主義」を原則として、成績評価による「能力主義」を前提とするシステムとみなされています。しかし、学校が表向きには機会「均等」を保障し、男女共学になり、同じ教科を教えるとしても、日々の教育実践のなかで、ジェンダー・バイアス(性にまつわる偏った見方)が生成・再生産されています。

隠れたカリキュラム(hidden curriculum)とは、学校教育の正規のカリキュラムと並行して「社会に支配的な文化と価値」のイデオロギーが教育の場で密かに伝達されることを示す概念です。

教育社会学者のマイケル・W・アップルは、教育と権力の視点からカリキュラムの「政治性」に着目し、学校の顕在的・潜在的役割が「階級、ジェンダー、人種によって、不平等に階層化された社会秩序を維持・再生産すること」にあるとします。そして学校という場が、支配的集団のイデオロギー的ヘゲモニーに貢献するような規範、価値、性向、文化を教える「ヘゲモニー装置」としての機能を果たしているといいます（アップル 1992）。

「女の子」は学校でつくられる

さらに、ジェンダー視点に立つ隠れたカリキュラム研究は、学校教育がもつ「表層的」平等主義・能力主義と、社会に支配的な価値規範、とりわけ性差別主義（セクシズム）の密かな教え込みという、教育の二つの顔を鋭く指摘するものです（木村 1999）。

ジェンダーと教育研究の蓄積を見れば、アメリカのサドカーは『「女の子」は学校でつくられる』で学校、教師、親たちが半ば無意識のうちに、セクシズムに基づいたステレオタイプを伝達していることを示しました（サドカー／サドカー 1996）。イギリスではフェミニスト教育社会学者のマデリン・アーノットがジェンダー・コードや男性ヘゲモニー（male hegemony）を提起し（Arnot 1982）、フランスではマリー・デュリュ＝ベラがブルデューの文化的再生産を下敷きに『娘の学校』（Duru-Bellat 1990=1993）を著しました。

ジェンダーにまつわる偏見は、表立って伝えられるのではなく、暗黙の方向づけによって子ども・生徒に内面化されていきます。たとえば、教師から生徒への何気ないことばか け、まなざし、顔色といった意思表示を通して、隠れたメッセージが相互作用的に伝達されるのです。これは教育における「隠れた統制機能」となります。

日本の例を見れば、かつて教育の場で男子優先名簿（男子が先、女子は後）が一般的だった時期がありました。なぜわざわざ分けるのか。なぜ男子が先で女子は後回しなのか。子どもの個性重視という教育の理念からいえば、性別カテゴリーで「類別」し、序列化する妥当な理由はありません。

また、生徒会役割、学級内分担で、リーダーは男子で補助は女子、理科の実験を率先してやるのは男子で記録は女子、運動部男子と世話役の女子マネージャーといったステレオタイプの役割分担がしばしば見られましたが、これらは企業社会のジェンダー・コード（男女間の類別と序列の非対称）の学校版、ないしは社会の不均衡な関係性の縮図のようです。

近年は進路選択の場で、女性は「理系に不向き」といったジェンダー言説は見直され、女性のＳＴＥＭ（科学、技術、工学、数学）教育推進や、ＳＴＥＡＭ教育（芸術・リベラルアーツ〔Art〕を加えた教科横断的教育）への関心が高まりつつあります。

2 教育におけるジェンダー平等の取り組み

教育システムとジェンダー平等

世界的に教育システムの不平等への挑戦が続けられています。教育システムにおけるジェンダー平等は、幼児教育を含む学校のカリキュラム、学習環境、クラスの規模、教師の質の担保など、歴史的にも現代的にも重要で具体的な課題をもっています。

前述のバランタインは、アメリカの教育研究を整理して、学校段階で女子は読解と文学で点数が高く、男子は数学と科学で点数が高い傾向があるが、そのような成績の差は生得的なものというよりも、男女の社会化や経験に起因すると結論づけています。男子は自分で考えることが奨励され、教師からの期待が高く、他方、女子は自分たちが男子ほどには数学や科学には長けていないというステレオタイプを信じ込み、それらの科目への関心・意欲を失っていくというのです（バランタイン／ハマック 2011: 172–5）。この研究は、教室内の相互作用のなかに、不平等の再生産を助長するか、それとも是正するかの鍵が含まれていることを示唆します。

一方、アメリカでは法律が、教育のとりわけスポーツ分野においてジェンダー格差の縮小に寄与した歴史があります。

一九七〇年代初頭のアメリカでは、女性の権利拡大の動きが活発化し、雇用に際して性を理由にした差別を違法とするとともに、合衆国教育法修正第九編(タイトルIX)で、高等教育における性差別を禁じました。タイトルIXは「教育における性の平等」を定めた法律の条項で、生徒・学生に性差別のない教育環境を提供することを命じるものです。男女同等の教育コース、資金援助、カウンセリング、サービス、雇用における平等な処遇、そしてグラウンドを含む同等の設備、用具、コースの提供を意味します。タイトルIXの結果、女性にも運動競技施設の基金が増額され、女性にも、男性中心であったサッカーやラグビーなどの団体競技の機会が広がりました(バランタイン/ハマック 2011: 172-5)。

もっとも、法律による「形式的」平等が予期せぬ影響をもたらしたとの指摘もあります。アメリカの「タイトルIXのその後」の経過を追った研究では、男性中心のスポーツが女性にとってもメジャーになったことで、逆に女性指導者のポストが減少した例などが示されています(井上 2004)。「形式」上の均等にとどまらず、実質的平等とジェンダーの公正が問われます。

「家庭科」の変遷

日本の教育におけるジェンダー化されたカリキュラムとその変化を知るうえで、「家庭科」の例を挙げましょう。

家庭科のルーツは一八七二年の学制における「手芸」に遡り、のちに女子教育の「裁縫」科へと継承されました（堀内編 2020）。最初の転機は第二次世界大戦後、国の民主化の基本とされた教育改革でした。戦後すぐに新しい教科として成立した「家庭科」は、GHQ（連合国軍最高司令官総司令部）の指導・助言のもとで、男女共修とされていました。形式的ではあっても、男女がともに学ぶ家庭科が成立したことは、家庭の民主化につながる戦後教育の可能性をもちました。しかしほどなく、中学では一九五八年版の学習指導要領において、教科名が「技術・家庭科」となり、男子は「技術科」、女子は「家庭科」をそれぞれ学ぶことになりました（一九六二年実施）。高校では一九六〇年の学習指導要領により、普通課程の家庭科が「女子のみ必修」となりました（一九六三年実施）。「家庭科」は性別特性論を根拠に、女子生徒に対して固定的な性役割を前提とした教科となっていったのです。さらに、全課程の高校において「家庭一般」四単位は女子のみ必修となり、男子にはその時間の対応科目として体育があてがわれることになりました（一九七三年実施）（古久保 2013: 242）。これは、生産領域で働く男子の身体と、家庭を守り再生産領域を担う女子の育成という、性別役割分業を体現したカリキュラムといえましょう（天童 2017: 31–2）。

このようなジェンダー化されたカリキュラムは、一九六〇年代に本格化する日本型経営戦略とも合致していました。労働市場でフルに活動する男性（夫）と、家事・育児を一手に担う女性（妻）という性別役割分業体制の徹底であり、教育はジェンダー不均衡の再生産に寄与する装置となったのです。

制度上、カリキュラムのジェンダー・バイアスが是正されたのは一九九〇年代のことです。一九八九年の学習指導要領改訂を経て、中学校および高等学校における男女共修の家庭科が必修となりました（中学校一九九三年、高校一九九四年）。

家庭科の男女共修の実現は、男女平等教育を求める長年の市民運動の成果でもありましたが、それを後押ししたのは国連の女性差別撤廃条約（一九七九年国連総会で採択）の存在でした。日本で「家庭一般」が女子のみ必修となっていたことは、同条約の「同一の教育課程」に反していたことから、女性差別撤廃条約の批准（日本一九八五年に批准）には「教育における差別撤廃」が必要だったのです。

ジェンダー・コードで見る知識伝達

技術・家庭科のカリキュラムの変遷は、ジェンダー・コードの視点からいえば、ジェンダー化された知識内容の分離と知識の序列を示す事例です。またそれは社会に構造化されたジェンダー体制を映し出しています。

マルクス主義フェミニズムの立場から、アーノットは階級関係とジェンダー関係双方の構造的序列への関心のもとに、教育社会学者バーンスティンのコード理論を援用して

「ジェンダー・コード」を提示しました。ジェンダー・コードとは「男女のハイアラーキーと社会における男性優位を、自然のものとして受け入れ、再生産する社会の組織化にかかわる概念」(Arnot 1982) です。

バーンスティンのいうコードとは「意味を具現化する形式、意味を生み出す文脈の統合的な規制原理」(Bernstein 1971) のことで、知識内容の分離の程度、つまり何 (what) を教えるかの境目である「類別」(権力) と、いかに (how) 教えるかのコミュニケーションの「枠づけ」(統制) からなる概念枠組みです。これを応用して、ジェンダー・コードを定義すると、ジェンダー類別はジェンダーの差異に基づく分離、カテゴリー化であり、ジェンダー枠づけは、男女の序列を「自然」なものとして受け入れさせる、隠れたメッセージ伝達と位置づけられます (天童 2000, 2008)。この枠組みは知識伝達や教育に潜むジェンダーの規制原理を見極めるのに有効です。

ジェンダーの不平等の再生産は、性別のカテゴリー化 (ジェンダー類別) だけでは完結しません。暗黙のうちに人々に獲得させ、正当化させ、受容させるメッセージ伝達 (ジェンダー枠づけ) によるヘゲモニックな象徴的統制が必要となります。

翻っていえば、ジェンダー平等に向けた子どもの社会化や教育とは、家庭、保育・幼児教育や学校教育の空間で、大人が知らず知らずに行う、性別カテゴリーの多用、ステレオタイプに基づく女子/男子の役割の分離と序列といった「見えない統制」に、親や保育者・教師自身が気づくことから始まります。

3 スポーツ、ジェンダー、性の境界

近代スポーツと女性の位置づけ

近代スポーツは男らしさ、男性性と密接に結びつき、オリンピックに代表されるスポーツ種目の多くが「より速く、より高く、より強く」と筋力優位の基準に基づく序列で競い合うものです。

近代オリンピックは、女性を排除、周辺化してきた歴史をもちます。初回（一八九六年）は女性の参加はゼロで、一九〇〇年のパリ大会で女性がゴルフとテニスに出場したものの、九九七人のアスリートのうち女性は二二人でわずか二％でした。

女子が陸上競技に初参加したのは、一九二八年アムステルダム大会からで、八〇〇メートル走では日本の人見絹枝が銀メダルを獲得しました。しかし、レース終了後に「選手が次々と倒れた」との報道をもとに（事実誤認との説もある）、女子には身体的に中・長距離走は無理との言説が広がり、一九六〇年のローマ大会で八〇〇メートルが復活するまでトラックの中・長距離種目から女子は除外されていました。日本でも人気の女子マラソンは

一九八四年のロサンゼルス大会が最初です。二〇一二年のロンドン大会が、初めてオリンピックの全種目に女性が参加した大会となりました（飯田ほか編 2018）。

性の境界

スポーツと性別について、興味深い指摘があります。第一次世界大戦後、スポーツが国威発揚の手段となり競技性が高まるにつれ、女子種目に出場した選手の性別に疑惑がもたれたり、優勝者が両性具有者であったことが明るみに出たりしたため、性別確認検査が導入されました。スポーツとジェンダーに詳しい飯田貴子によれば、一九六六年に視認、次いで正規診察、その後性染色体検査に移行し、オリンピックでは二〇〇〇年シドニー大会にて中止されるまですべての女性選手に課せられたといいます。

その後も、性別二元論的スポーツ界では、性の境界をめぐって、問題含みの対応がなされてきました。二〇〇九年世界陸上競技選手権大会において、女子八〇〇メートルで優勝したある選手の、急激な記録の向上と風貌による性別疑惑問題が起こりました。ＩＯＣ（国際オリンピック委員会）、ＩＡＡＦ（国際陸上競技連盟）は共同で高アンドロゲン女性選手が女子競技に出場する場合の資格基準を規定し、二〇一一年にそれを発表しました（飯田 2013; 來田 2018: 150-1）。

しかし、このような「科学的」識別に見える性別の確認や疑いは「女性の側にのみ」かけられてきました。そして、ホルモンの量によって、女性部門への参加資格を奪われた女性選手のなかには、オリンピックの道が閉ざされるのを避けようと、「診断と治療」を受ける例もあったといいます。

スポーツとセクシュアリティ研究の先駆者のひとり、ヘレン・ジェファーソン・レンスキーは、「男性ホルモン」と一般にいわれるテストステロンの数値は、どのジェンダーにおいても（男性にも女性にも）個人差があるとし、「スポーツをする女性が高い数値だと、いい成績を上げられて不公平だと思われる。（逆に）男性ランナー、男性スイマーではっきりと「正常な」範囲を超えている人は、「遺伝的に恵まれた」と称され、その能力を祝福される」（レンスキー 2021: 163–4）と述べ、「テストステロン濃度を疾患にあたる状態」とすること自体が、アスリートへの人権侵害であると批判します。

身体の境界、性の境界をめぐる議論は、医学的・科学的なことに見えながら、文化闘争の表出なのです。

東京二〇二〇で起きたこと

二〇二〇年東京オリンピック・パラリンピックは、新型コロナ感染症拡大の影響で一年延期され、二〇二一年夏に開催されました。東京大会では「スポーツには世界と未来を変える力がある」との大会ビジョンが掲げられ「多様性と調和」が謳われました。初めて水泳、卓球、アーチェリーなどで男女混合チームが組まれたことも話題になりました。女性選手の割合は四八％と過去最高に、また、ＬＧＢＴＱなど性的マイノリティであることを公表して出場した選手が一八〇人以上と過去最多となりました。

しかし、東京における コロナ感染症拡大傾向で、開催の是非が議論されていたころ、東京オリンピック・パラリンピック大会組織委員会の森喜朗会長から「女性がたくさん入っている理事会は時間がかかる」との差別発言が飛び出し、辞任に追い込まれました。大会のわずか数か月前、大会組織委員会は急遽、理事会に女性理事一二人を増やすことを決めました。

組織のジェンダー・アンバランスの弊害は、スポーツ界に限ったことではありません。何より意思決定の場におけるジェンダー平等と民主主義とを常識知とすることが不可欠です。放送業界、広告業界、企業、そして国の、ジェンダー公正な姿勢が問われています。

考えてみよう

- 中学、高校時代のクラス、部活動、生徒会活動を振り返って、どのような性別カテゴリーがあったか、考えてみましょう。
- 子ども時代に好きだったアニメ、ゲーム、テレビなど、メディアに登場した主役はどのように描かれていましたか。ジェンダー的視点で考えてみましょう。

● 近代スポーツにおける女性の位置づけについて、調べてみましょう。

知っておきたいキーワード

隠れたカリキュラム　hidden curriculum

当初その意味は「クラスルームの集団的雰囲気を意味する社会心理的な形容的記述概念」（Jackson 1968）であった。教育社会学の視点からは、学校教育において、正規のカリキュラムの背後で密かに形成され、生徒に伝達される社会に支配的な価値、規範、態度の総体を指す。社会的再生産論においては、隠れたカリキュラムの社会統制機能は生徒の社会階級を再生産するものとみなされた。ジェンダー視点からは、能力主義を前提とする教育の場で性差別的な価値やジェンダーの不均衡が伝達されることが問題視されている。

セクシュアル・マイノリティ　sexual minority, LGBT, SOGI

性的少数者の意味。欧米では一九七〇年代のゲイ解放運動を受けて、一九八〇年代半ば以降、当事者たちの自称であるＬＧＢ（レズビアン、ゲイ、バイセクシュアルの頭文字）が使われ始めた。一九九〇年代にトランスジェンダーのＴを含めて、ＬＧＢＴが普及した。国際社会では、それにＩ（インターセックス）を加えたＬＧＢＴＩ、Questioning（クエスチョニング）、Queer（クィア）の頭文字のＱを加えてＬＧＢＴＱ、性のあり方はそれだけではないとの意味でＬＧＢＴＱ＋の表現もある。また、ＳＯＧＩはsexual orientation and gender identityの頭文字で、性的マイノリティに限らずすべての人がもつ「性的指向と性自認」を意味する。

ヘゲモニックな男性性 hegemonic masculinity

男性学、男性性研究においてR・W・コンネルが提起した概念。ジェンダー秩序の政治過程には、セクシュアリティを定義するヘゲモニー（支配権、覇権）の闘争がある。男性性（masculinities）は単一ではなく、なかでも権威や利益と結びつき、優位な地位をもつ特定の男性性のパターンがあり、これをヘゲモニックな男性性と呼んだ。すべての男性が、女性の支配の正当化に寄与するようなヘゲモニックな男性性をもっているわけではない。むしろ、優位性を誇示し男性支配の正当化を是認する人々にとって、「軟弱」と見える男性は「従属的男性性」（subordinated masculinity）とされて、軽視され差別的な扱いを受けやすいとした。

さらに学ぶための本

『文化伝達の社会学』柴野昌山編、世界思想社、二〇〇一年

『教育社会学——現代教育のシステム分析』J・H・バランタイン、F・M・ハマック（牧野暢男・天童睦子監訳）、東洋館出版社、二〇一一年

『オリンピックという名の虚構——政治・教育・ジェンダーの視点から』ヘレン・ジェファーソン・レンスキー（井谷惠子・井谷聡子監訳）、晃洋書房、二〇二一年

第6章　地域女性とシティズンシップ

1　女性と地域社会

地域コミュニティとは何か

地域社会（local community）は女性のライフとワークにとって大事なテーマの一つです。まちづくりやむらおこし、また都市部を離れて地方に移住する動きなど、地域にかかわる課題や新しい動向があります。この章では、地域女性のエンパワーメントについて、災害女性学の視点、農村と男女共同参画、自然豊かな地方で暮らす女性の生き方などを取り上げながら考えていきます。

地域社会にはさまざまな意味が含まれますが、地域社会、地域コミュニティと呼ばれるものは、一つには生活圏としての地域共同体という場所の共同性、もう一つには自分や家族の居場所といったアイデンティティの存在する場という意味をもちます。

たとえば社会学の分野では、地域社会、コミュニティ研究の長年の蓄積と展開があり、よく知られた例に、コミュニティとアソシエーション（マッキーヴァー 1975）の古典的定義があります。それによると、コミュニティは社会生活、社会的存在のための共同生活を意味し、アソシエーションは、共同の目的・利害追求のために組織される団体とされています。

コミュニティは「一定の空間や地域性だけでなく、そこに共同性が存在しなければ成立しない概念」です（地域社会学会編 2011: 170–1）。一方、コミュニティがもつ地域性と共同性、共属の感情といった特徴は時代とともに変化しました。二〇世紀後半以降の社会基盤としてのコミュニティの脆弱化、市場と国家の影響力と管理強化のなかで、市場や国家を相対化しながら、人々が日常生活を送る地域的連帯・地域的協同への関心が生まれてきました。

本章では「共通の生活地域をもつ人々による市民参加型のつながり、自発的で主体的な連携」（天童 2022: 13）としての地域コミュニティに注目しましょう。

シティズンシップとフェミニズム

女性と地域社会のかかわりを考えるうえで、紹介しておきたいことばがシティズンシップ（章末キーワード参照）です。これは「あるコミュニティの正式メンバーであることに伴う権利と義務の体系」（武川 2000）のことです。シティズンシップの社会学的研究の道をひらいたトマス・H・マーシャルは、「ある共同社会（コミュニティ）の完全な成員に与えられた地位」であるシティズンシップを、市民的・政治的・社会的権利の三つの要素に分類しました（Marshall and Bottomore 1992=1993）。しかし、そこにジェンダー視点によるシティズンシップの考察はほとんど顧みられませんでした。というのは、「コミュニティの完全な成員」として「権利と義務」を果たすのは「成人男性」を前提として、女性は二流市民（second citizen）としての位置づけが自明視されていたためです。

フェミニズムの視点からはシティズンシップの概念そのものが、近代産業社会における公／私の分離、つまり公的領域の形成自体が女性の「排除」を基盤にしている点が批判されました（Pateman 1989）。実際、市民的・政治的・社会的権利へのアクセスには構造化されたジェンダーの差異化・差別化が今なお存在しています（矢澤ほか 2003: 114–7）。市民とはだれのことか、地域社会の担い手とはだれか、自治体の施策に生活者の視点は十分に届いているか。「女性と地域」の視点から見極めるべき課題があります。

2 災害女性学をつくる

平時と非常時は地続き

災害女性学とは「女性学的視点に立つ防災や災害、および復興プロセスを含む事象を対象とした学問と実践」のことです（天童 2021, 2023）。

『災害女性学をつくる』（浅野・天童編 2021）は、市民と研究者が共同で、東日本大震災から一〇年の節目に刊行した著作です。そこでは「人間の復興」（浅野 2016）を女性のエンパワーメントと関連づけ、被災者支援、災害からの復興、レジリエントな（回復力のある）国、地域社会の構築の根底には災害時における人権の確保、人としての尊厳があることを主張しました。

災害女性学を「つくる」という発想は、単に災害研究に女性の視点を入れるだけでなく、女性学やジェンダー視点で災害にアプローチすることで、新たな展開が生まれる可能性をもつと考えたからでした（天童 2023）。

災害という非常時に表出するのは、日常に潜む不均衡な関係です。たとえば避難所運営の性別分業、ケア責任の偏在、女性の家庭責任の強調、DV被害、世帯主（男性中心）規範がもたらす支援体制の偏り、さらに非正規職の解雇や、防災会議・復興の政策決定の場における女性の不在等、社会・経済・政治システムを貫くジェンダー秩序と暗黙の男性中心主義が顕在化します。

大震災の教訓

災害列島日本は、この三〇年を振り返るだけでも、阪神・淡路大震災（一九九五年）、東日本大震災（二〇一一年）、熊本地震（二〇一六年）と大きな地震に見舞われました。台風、噴火、水害、豪雨・豪雪と、災害は他人事ではなく、私たちは未来の被災者の面をもっています。

阪神・淡路大震災（一九九五年一月一七日発生、マグニチュード七・三）では、地震とそれに伴う家屋倒壊や火災によって多くの人命が失われました（全国の死者六四三四人）。兵庫県の死者は六四〇二人、身元がわかった方のうち男性二七一三人、女性三六八〇人で（兵庫県資料）女性の犠牲者がおよそ一〇〇〇人多かったことはあまり知られていません。

比率で見れば、年齢別では一〇歳未満（〇―九歳）を除き、すべての年齢層で女性の死亡割合が高く、原因別では建物の倒壊による圧死等（八三・三％）、焼死（一二・八％）でした。全体の比率では、女性の死者は男性より三六％多く、そこに生活構造的要因が潜んでいたことが指摘されています。住宅の耐震性が不十分であったゆえの「住宅災害」の側面があり、なかでも高齢女性の被害が多かった理由の一つとして、街なかの古い住宅に身を寄せ合うようにして住んでいた高齢女性の存在がありました。本来は、自力避難が困難な人にこそ、安全な住まいが保障されるべきですが、それを可能にする経済力がない女性たちが少なからず被害者となったのです（相川 2006: 7）。ここに社会的脆弱性による「犠牲の不平等」が浮上します。

また、阪神・淡路大震災では、長引く被災生活が想定されてはおらず、コミュニティ単位の入居といった発想がなかったことが、孤立、孤独死の問題を引き起こしました。「非常時」にはＤＶ問題、性被害といった女性の切実な訴えは抑え込まれ、震災後に親戚や知人を受け入れた「震災同居」により女性の負担が増した例もありました（浅野 2021: 37-8）。

東日本大震災において、阪神・淡路の震災時の経験が活かされた点として、国がいち早く女性に対する暴力防止を呼びかけたこと（内閣府、二〇一一年三月一六日）、長期の仮設住宅での生活への対応が地域コミュニティ重視の視点で行われたことが挙げられます。

東日本大震災の経験――女性被災者支援と地域防災

二〇一一年三月一一日一四時四六分、宮城県沖を震源とするマグニチュード九・〇の巨大地震が発生、東北の太平洋沿岸に大津波の被害をもたらしました。観測史上最大規模の地震は「東北地方太平洋沖地震」と命名され、一般には東日本大震災と呼ばれることになりました。この「未曾有の」災害は、地震、津波、さらに福島第一原発事故の発生により、複合的・長期的に人々の暮らしに大きな影を落としています。

大震災の発生に伴い、避難所、仮設住宅で被災女性への支援活動にいち早く取り組んだ複数の市民女性グループがありました。宮城・仙台を例にとれば、支援に出向いた先で洗濯に困っているとの女性の声をキャッチしたグループが「せんたくネット」を立ち上げ、草の根の支援に動きました。この洗濯代行の支援活動は、単に洗濯物の受け渡しではなく、やり取りを通して女性のニーズを聞き取り、非常事態に声を上げにくい女性たちの声を汲み取ろうとするものでした。全国の女性たちからの支援で届いた下着や衣類を要望に沿って届け、授乳室、更衣室、男女別物干し場などの空間面での要望に応えるなど、支援と受援をつなぐ仲介役が必要だったことが読み取れます。

当時、女性支援の先頭に立った一人、浅野富美枝は、女性による女性支援は一朝一夕に生まれたものではなく、震災前からの連携と女性学的視点の学習が培った息の長い取り組みが結実したものといいます。女性であるがゆえの理不尽な経験を共有していたからこそわかる皮膚感覚で、女性たちにきめ細かな支援を積み重ねてきた地域女性の力強い活動を紹介しています（浅野 2016）。

「災害支援、復興政策に女性の視点を」（竹信・赤石編 2012）との声や、各地で地域防災の担い手に女性リーダーを養成する取り組みを続ける市民女性グループもあります。

二〇一一年六月二〇日に制定された「東日本大震災復興基本法」では、男女共同参画の視点が明文化され、基本理念に「被災地域の住民の意向が尊重され、あわせて女性、子ども、障害者等を含めた多様な国民の意見が反映されるべきこと」が記載されています。

災害・防災は地球規模の課題です。地震、津波、気候変動、深刻な感染症の拡大・蔓延など、国の枠を越えて、災害時、非常時にこそ人権・人としての尊厳の保障、ジェンダー平等な具体策をとっていく必要があります。国際的には第二回国連防災世界会議（二〇〇五年、神戸）における「兵庫行動枠組」（二〇〇五―二〇一五年）で、あらゆる災害リスク管理の政策・計画の決定過程にジェンダー視点の必要性が述べられ、第三回国連防災世界会議（二〇一五年、仙台）では「仙台防災枠組」（二〇一五―二〇三〇年）で「女性と若者のリーダーシップ」が明記されました。

3　農業と男女共同参画

女性農業者の状況

日本の女性農業者は基幹的農業従事者のおよそ四割（三九・三％、二〇二一年）を占め、地域農業の振興や六次産業化の展開にも重要な役割を担っています。女性の農業経営への参画は意思決定プロセスにおいても重要で、女性が参画している農業経営体ほど販売金額が大きく、経営の多角化に取り組む傾向があるなどの「強み」も見えてきました。

農業委員など政策・方針決定への女性の参画状況を見ると、二〇〇〇年には農業委員に占める女性割合は一・八％、農業協同組合の役員に占める女性の割合は〇・六％と極めて少数でしたが、二〇二一年にはそれぞれ一二・四％、九・〇％で、増加傾向にはあります（農林水産省 2020, 2022d など）。

歴史的には、かつて女性農業者の置かれた位置は、労働面でも社会的にも厳しいものでした。嫁役割、切れ目のない労働、自由に使えるお金がないなど、嫁姑の確執にとどまらない、農家女性の戦後史の記録もあります（姉歯 2018）。戦後の生活改善普及事業（一九四八年）から、近年の「農業女性の活躍」に至る道は大きな変化と見ることができます。

宮城で行った聞き取りでは、若いころ「女に学業はいらない」と言われた経験、女性農業支援事業を受ける際に「そんな事しても無駄だとか言われたけど、負けないの。結果を出せば、何にも言われなくなるなって思って」と、因習的価値観に堂々と立ち向かう声を聞きました（六〇代、Kさん、肥育、二〇二〇年五月インタビュー）。

一方、若い世代では農業の魅力についてやりがいを見出す例もあります。三〇代の女性は「会社勤めでは経験できなかった、やればやっただけ返ってくる」食の生産に生きがいを感じ、「農業は天候に左右される仕事ではあるものの、子育てと農作業のバランスを取りながら、パパの（仕事の）定休日、今日はママの定休日と、子どもとたっぷりかかわる日をつくっています」と語ります（三〇代、Sさん、米づくり、二〇二二年一二月インタビュー）。

地域女性の活躍と実績が、地域からアンコンシャス・バイアスを問い直す契機となる可能性もあります。

農業女性の支援と活躍の新動向

国は第五次男女共同参画基本計画で、意思決定のプロセスへの女性の参画拡大の目標を掲げました。二〇一三年には「農業女子プロジェクト」を設立し、企業、教育機関と連携して、全国で情報発信をし、職業としての農業の意義を伝えています。

農村女性（rural women）の権利保障と活躍は世界的課題でもあります。国連機関のUN Womenは、食の安全保障、気候変動、経済開発等で農村女性のエンパワーメント、とりわけ資源アクセス、土地の権利、因習的性役割の見直しに向けた取り組みを重視しています。CEDAW（女性差別撤廃委員会）は、「一般勧告第34号 農村女性の権利」（二〇一七年）において、農村女性の人権の認識と保護を改善する緊急の必要性を認め、女性差別撤廃条約に即した女性の権利保障への締約国の義務を明らかにしています（女性差別撤廃委員会 2017）。

世界の農業人口のおよそ半分は女性が占めています。とはいえ、土地所有者における女性割合の低さ（一五％未満）、安全な出産（リプロダクティブ・ヘルス）のアクセスの都市と農村の格差、さらに国によっては少女の教育の軽視、ICT利用アクセスに顕著な格差も指摘されています。農村女性の経済的エンパワーメントは、女性・少女の教育・訓練の機会、意思決定への参加、草の根の女性たちの連帯と女性のリーダーシップといった、世界的ジェンダー平等の課題とつながっています。

4 SDGsと女性——地域から変える、変わる

「ない」ことを魅力にするまちづくり

地方の時代を見るうえで、都市から地方へと移動、移住した事例を紹介します。場所は北海道の中央部に位置する東川町、「神々の遊ぶ庭」(アイヌ語でカムイミンタラ)とも呼ばれる大雪山を仰ぐこの地には、地下浸透した水で暮らす生活が保たれています。町のアピールは、上水道普及率ゼロ、国道ゼロ、鉄道ゼロと「ないこと」に価値を見出すという発想の転換です。過疎地問題がいわれるなか、東川町は人口のほどよい増加傾向をもち、地域活性化の成功例として視察団が引きも切らない町となりました。

一九八〇年代半ば、旭川市からこの町に三〇代で移住した雅美さんは、東川に拠点を据えて三〇余年。夫とともに起こした家具工房は、北欧スタイルの家具づくり、生活に根差すものづくり、自然のなかのライフスタイルを自然体で提示し、今では全国から人が集まる魅力的な場所として知られています。

雅美さんは「(東京から)旭川に戻って、仕事のことなど色々な経験があったけれど、振り返れば、仮に生きていた感じです。人生の転機は夫と北欧フィンランドに行ったこと。

二週間ほど農業体験をさせてもらい、生き方が定まった。長く使い続けられるモノをつくろう、と。北欧の生活から得たヒントは、もっと欲しがる暮らしではなく、これで十分という生き方。生産と消費のメカニズム、自然のリズムのなかで生きることを考えました」と語ります。雅美さんは「ものづくりは自分たちを表現すること」と言います。ワークの場所がライフ(生活)とともにあり、ライフとワークは分離したものではないことを、この土地では考えさせられます(二〇二二年一一月インタビュー)。

まちづくりには多様な理念と方法があり、正解は一つではありません。東川町を例に見れば、女性男性を問わず、スモールビジネスを起こしたり、まちづくりに加わったりと、新しいライフスタイルを希求する人々が移住しやすい風土がつくられ、行政も、町の住民や団体、組織、コミュニティと共同で工夫を凝らし、「町の風景」や独自のブランドイメージをつくってきた面があります(東川町教育長ほか、二〇二一—二〇二二年インタビュー)。日本各地で、過疎や人口減少を単に嘆くのではなく、ライフとワークのほどよいバランスのとれた「小さな経済」を回し、その土地ならではの自然環境を活かしたライフスタイルで暮らしと地域をつくるといった発想が生まれています(田中ほか編 2019)。リモート・ワーク、デジタル教育の導入を経て、居住空間と業務空間の再考のヒントになるかもしれません。

ＳＤＧｓと女性、地域社会

二〇〇〇年代、子育て期女性のフィールド調査で、都市部の育児専業の母親たちが少なからず孤立を深め、出口の見えない「子育て難社会」の閉塞にあることを明らかにしました。同時に、インタビューに応じてくれた神奈川や静岡に暮らす女性たちが「子育ての助け合い」を始めたり、子育てや地域情報を発信したり、そこから政策提言に結びつけていく、といった再生産領域から立ち上がるシティズンシップの事例を示してくれました（矢澤ほか 2003: 196–201）。

二〇一一年の大震災以来、宮城、福島、避難先の埼玉で出会った女性たちのネットワークづくりは、困難を乗り越える「支援と受援」のプロセスを、身をもって伝えてくれるものでした（浅野・天童編 2021）。

二〇二二年に刊行された『ＳＤＧｓと地域社会』（高須・峯編）では、宮城を事例に「だれも取り残されない地域社会」のために自治体レベルでの指標や手法が取り上げられ、市民参加・住民参加のまちづくりの具体案が示されています。同書には男女共同参画の指標や女性学の視点が盛り込まれています。

「持続可能な開発目標」（章末キーワード参照）は世界的テーマとなって久しいですが、どこで生きるか、どのように生活するか、どのような地域をつくっていくか。環境、生産、消費、公正、平等は、足元の、地域から始まる課題なのです。

考えてみよう

● 災害、疫病の蔓延、戦争といった非常時にどのようなジェンダー問題が生まれやすいでしょうか。歴史的・国際的視点で調べ、考えてみましょう。

● あなたの暮らす地域には、どのような防災の取り組みがありますか。地域（町内会など）のリーダーはどんな役割を果たしていますか。

● ジェンダーの視点からSDGsについて、どのような目標が掲げられているか調べましょう。

知っておきたいキーワード

シティズンシップ citizenship

あるコミュニティの正式メンバーであることに伴う権利と義務の体系のこと。市民権と訳される。シティズンシップは三つの要素に分類される。市民的権利（civil rights）は個人の自由のために必要とされる権利で、身体の自由、言論・思想・信条の自由、財産を所有し正当な契約を結ぶ権利、裁判に訴える権利を含む。政治的権利（political rights）は、選挙権、被選挙権などの政治参加の諸権利を含み、政治権力の行使に参加できる権利である。社会的権利（social rights）は、最低限の経済的福祉と安全を求める権利、文化的生活を営む権利、教育や社会的サービスを受ける権利などの総称である。シティズンシップをめぐってジェンダー視点の手薄さ、女性、若者、外国籍の人々など、アクセス制限の経緯や現状といった課題がある。

持続可能な開発目標　SDGs: Sustainable Development Goals
　二〇一五年九月の国連サミットで採択された二〇三〇年までの世界共通の目標で、貧困、教育、ジェンダー平等、安全な水など、持続可能な社会実現のための一七の目標を掲げて、国、地域、一人ひとりの参加と行動を呼びかけ、地球上の「だれ一人取り残さない（leave no one behind）」ことを誓っている。ＳＤＧｓの目標四で教育の公正、目標五で「ジェンダー平等を達成し、すべての女性と女児のエンパワーメントをはかる」ことが明記されている。

さらに学ぶための本

『災害女性学をつくる』浅野富美枝・天童睦子編、生活思想社、二〇二一年
『都市環境と子育て――少子化・ジェンダー・シティズンシップ』矢澤澄子・国広陽子・天童睦子、勁草書房、二〇〇三年
『ＳＤＧｓと地域社会――あなたのまちで人間の安全保障指標をつくろう！　宮城モデルから全国へ』高須幸雄・峯陽一編著、明石書店、二〇二二年

終章　女性学でひらくエンパワーメント

1　ローカルとグローバルをつなぐ

平等・開発・平和

国際的な女性の地位向上の動きは一九七〇年代に活発化しました。一九七五年の国際女性年、それに続く国連女性の一〇年（一九七六―一九八五年）で掲げられたスローガンは「平等・開発・平和」です。一九九〇年代には、北京で開かれた第四回世界女性会議（一九九五年）で開発と女性、女性に対する暴力、平和といった問題提起がなされました。女性のエンパワーメントが広く世界的に共有されたのもこの会議以降です。

今あらためて「平等・開発・平和」をいかに実現するか、世界の女性たちの挑戦が続いています。さらに、国際的紛争、エネルギー危機、気候危機など、一国規模の枠組みを超えて起きるグローバルな政治・経済・環境・健康の課題の多くはジェンダー問題（人権侵害、暴力、格差、搾取）を内包しています。

越境のフェミニズムを現代に活かす

女性学は女性自身にとって最も切実な問題を研究課題として取り上げることから出発しました。また、フェミニズムには多様なアプローチがあることを見てきました。日本を例にとれば、政治、経済領域のジェンダー格差が色濃く残る状況下では、公的領域における男女平等の実現が必須であり、歴史的にはリベラル・フェミニズムのアプローチがそれにあたります。政治、教育制度、職場、マスメディアといった領域で、ジェンダー平等を政策的に粘り強く推進していく必要があります。ただし、現代の新自由主義の加速、教育の市場化等の「保守的近代化」（アップル 2017; 天童 2020: 77-8）の動向では、女性の社会的活躍が、市場での高い生産性や効率・競争原理優先の文脈で「新自由主義的価値の正当化」（アルッザほか 2020）にからめとられる面にも留意が必要です。

私的領域への目配りも欠かせません。ラディカル・フェミニズムが提起した性支配、マルクス主義フェミニズムが指摘した資本制と家父長制の複合支配、またポスト構造主義フェミニズムが問いかけた性別二元論や言説による差異の構築といった視座は、女性に対する暴力、女性の貧困といった問題群の背後にある構造化された問題を浮き彫りにします。そしてフェミニズムの第四の波は、足元の課題と世界的課題をつなぎ、貧困、暴力への対抗、平和構築のうねりとなって力強く動き出しています。

2 女性の自立とエンパワーメント

かつてフェミニストのジュリエット・ミッチェルは、女性の抑圧の原因を四つの領域で表しました。それらは、生産、再生産、社会化、セクシュアリティです（Mitchell 1971）。これを応用して、自立とエンパワーメントの課題を示す概念モデルを提示しましょう。図終－1「女性の自立とエンパワーメント・モデル」では、制度化と個人化の横軸と、自立と自律の縦軸を置き、四つの領域を設定して、それぞれの課題を提起しています（天童 2009: 149 を展開）。

まず、制度化と自立（independence）の交叉の場を見ましょう。制度化は公的領域における法や施策、自治体の支援といったものを含みます。生産領域の自立は、社会・経済的自立、賃金労働を指します。具体的には、社会・経済活動への同等のアクセス、公的福祉サービスの保障といった課題があります。生産領域における女性の劣位は再生産領域の性役割と密接に結びついています。女性の経済的依存は、雇用のしくみや国家規模の社会政策・家族政策を通して構造化されてきました。多くの国々でジェンダー平等政策が常識知となるなか、女性が職業に就き、経済活動を行うことは、経済的自立、つまり自分の足で

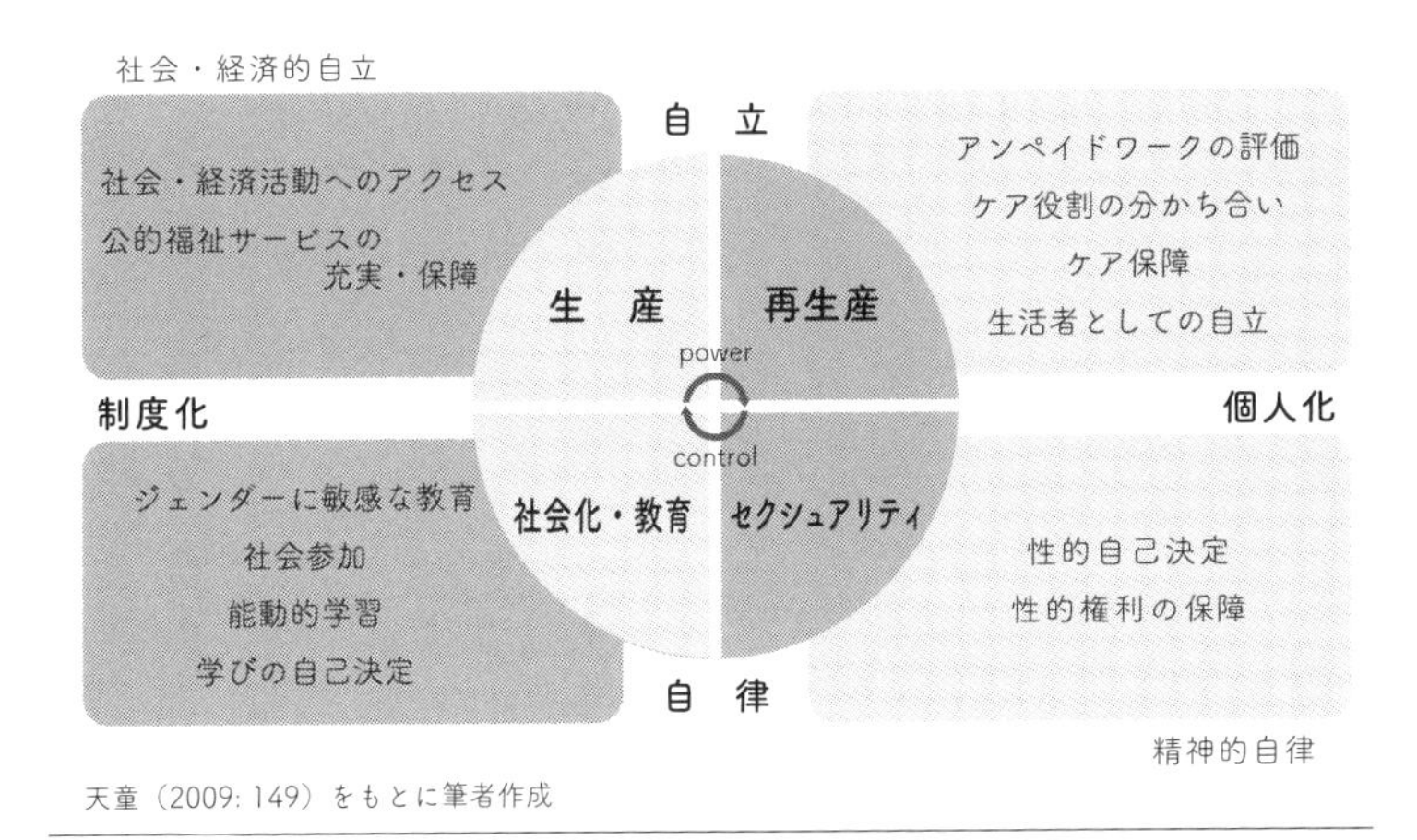

天童（2009: 149）をもとに筆者作成

図 終−1 女性の自立とエンパワーメント・モデル

立ち、生活を営む自立の第一歩です。

個人化は私的領域、家族や親密圏の領域での関係性を指します（Giddens 1992）。個人化と自立の交叉の場を再生産の領域とするならば、アンペイドワークの評価、ケア役割の分かち合い、ケアの保障といった課題が挙げられます。そして、公的領域における経済的活動としてのペイドワークへのアクセス、国家的な社会福祉サービスの保障は、私的領域における再生産、ケア役割の保障、家族・子ども・高齢者にやさしい家族政策とともになされるべきものです。

もう一つ、大切なのは自律（autonomy）です。自律は他者に服従することなく、自己決定、自己選択を可能にするための精神的自律と考えるとわかりやすいでしょう（天童 2009）。制度化と自律にかかわる社会化・教育の領域は、ジェンダーに敏感な教育（幼児教育、学校教育、社会教育）、学ぶことの自律性を指します。この領域は能動的学習者としての市民のエンパワーメントへと広がります。教育は制度化されたシステムですが、そこには学びの自己決定（自律）があります。

そしてセクシュアリティと自律では親密圏における性的自己決定、性的権利の保障が重要です。セクシュアル・リプロダクティブ・ヘルス／ライツ（SRHR）は、女性、若者のエンパワーメントとウェルビーイングに深くかかわるものです。

3 構造的不平等への挑戦

エンパワーメントの実践とウェルビーイングの保障へ

概念図で示したように、社会的自立と精神的自律の双方に目配りした社会システムの構築、文化的価値の承認は、時代を超えた社会課題です。

本書では最後に、エンパワーメントとウェルビーイングを達成するうえでの具体的提言を記します。主に女性の意思決定過程への参加、ケアの保障とジェンダー平等、政策提言力の強化の三つを挙げますが、無論それがすべてではありません。それらの土台にあるのは、構造的不平等の是正というマクロな視点と、市民のネットワーク構築と連携をつなぐエンパワーメント実践の視点です。

意思決定過程への参加と社会・経済的格差の是正

第一は、女性の意思決定過程への参加です。国際比較のさまざまなデータが示すように（たとえばWEFジェンダー・ギャップ指数）、日本は公的領域（政治・経済）の分野で女性の割合が非常に少なく、とくに国会議員に占める女性の割合は、先進国中最低レベルが続いています。

ジョーン・W・スコットのことばを想起すれば、「ジェンダーが政治を構築し、政治がジェンダーを構築する」（スコット 2022）のです。女性の声を入れない政治は、人権上の問題があるだけでなく、多様性を視野に入れた未来志向の変革の道を狭めることにもなりかねません。「女性の意思決定過程への参加」は、以下に続く提言にも直結しており、生き方の自己決定を保障するには、当事者の意思が反映されねばなりません。

また、図終―1で示したように、経済的自立と精神的自律（自己決定、自己選択）とは深くかかわっていることを認識し、男女間の賃金格差、無給のケア労働における不平等な分配を是正することが必要です。

シティズンシップとしてのケアの保障とジェンダー平等

第二はケアの保障とジェンダー平等です。本書では第4章で育児戦略と子育ての社会史を取り上げ、日本の子育て支援の不十分さに言及しました。そこで、どのような「もう一つの道」があるかを知るために、北欧フィンランドの子育て支援の事例を紹介します。

フィンランドは北欧型福祉国家の一つで、ジェンダー平等では世界トップクラス（WEFジェンダー・ギャップ指数世界第二位、二〇二二年）、幸福度が高いことでも知られています。

今でこそ、経済的に豊かな国とみなされていますが、かつては欧州の最貧国の一つで、ロシア（旧ソ連）とスウェーデンという大国に挟まれ、歴史的、地理的に苦難の経験をもつ国です（ダイアモンド 2020）。過去には、出生率が低く、乳児死亡率が高い時期があり、国を挙げて子育て支援に取り組んだ経緯があります。その改善策の一つが、ネウボラ（neuvola）という妊娠期から子どもの幼児段階までをトータルに支援するしくみです。

ネウボラは地域に根差すクリニックで、医療従事者のナース（日本でいうと保健師の役割に近い）が、妊娠期の女性へのアドバイスを行い、その後継続して生まれた乳幼児のケアや発達を見守り、子育てのアドバイスを行う公的支援の場です。出産・子育てのトータルな支援体制の充実からは「子どもを社会で育てる」北欧型の育児意識と手厚い自治体の支援体制が見て取れます。「子育ては親の責務」と家庭責任を強調してきた国とは対照的です。

私がフィンランド視察時（二〇二二年）に訪れたエスポー市では、大型ショッピングセンターの最上階に、公共図書館があり、さらにネウボラとメンタルヘルスの相談所が併設されていました。ワンストップで支援の場が設定されているまちづくりは、日本の「地域における子育て支援」のヒントになるかもしれません。

振り返れば一九八〇年代に、ＩＬＯ（国際労働機関）の一五六号条約「家族的責任を有する男女労働者の機会及び待遇の均等に関する条約」が国連総会で採択（一九八一年）されました。日本も一九九五年に同条約を批准し、子育てを親（父母）と社会の共同責任とする法制度の整備が進められてきました。とはいえ、育児休業やフレックスタイム制が、子育て期の男女に「均等」に利用され、子育てのジェンダー平等の方向が進んでいるかといえば、父親が育児をする権利の保障という文脈での議論は十分とはいえません。

つまり、女性学的想像力で取り上げるべき課題は、男女がともにケアする権利を保障される、シティズンシップとしてのケア保障です。北欧にはパパクオータ（父親専用の育児休業割り当て制度）を導入する国もあり、その制度が男性のケアの充実につながっています。

さらに、ケアする権利の承認は、子どもの育つ権利の保障と一対のものとして考えていく必要があります（矢澤・天童 2004）。子どもの権利条約（一九八九年国連総会で採択）で「子どもの最善の利益」を護ることを理念としているように、主体としての子どもが育つ権利の保障を十全に果たす社会のしくみをつくり、生活環境、自然環境を整えることが肝要です。持続可能な開発目標は、未来を生きる子どもたちに何を残し、伝えるか、地球規模の目標です。

市民的自立と政策提言力

第三の提言は政策提言力を高めることです。市民的自立は社会的ウェルビーイングを構築するための政策提言の力をもちます。

フィンランドで視察した女性組織 The National Council of Women of Finland のアドボカシー（政策提言）担当者にインタビューをしました。この団体は全国の女性市民団体の取りまとめ組織で、広いネットワークをもち、女性やマイノリティなど社会的に不利な立場に置かれた人々の意思や意向を代弁し、提言を行い、政策立案、メディア連携、政治的活動を行っています。アドボカシー担当の彼女は、はつらつとヴィジョンや使命を説明してくれました。活動は実効性を伴い、必要な情報収集、学術との連携、活動団体のつながり、批判に終わらない対案の作成、メディア・キャンペーンや、実際に政治家と話す場の確保など、女性のネットワークから生まれる政策提言力が伝わってきます。また外国にルーツをもつ女性支援をしている別のNPOで聞き取りを行ったとき、日本人のスタッフがおられて、フィンランドは「市民と政治の距離が近い」と語っていました。

日本でも、「女性と政治」の変革の議論（三浦編 2016 など）が重ねられ、NPO、NGOや市民活動でアドボカシーに取り組む女性たちの活躍があります。世代を超えて、言語の違いや国境を超えて、「声」を上げる市民的ネットワークが広がっています。

4 困難からエンパワーメントへ

本書で述べてきたように、女性学の視点は、女性のためだけのものではありません。私たちが生きる世界は、さまざまな属性、社会環境、生活環境をもつ人々で成り立っています。たとえば提言で挙げたケアの権利と承認、それは女性、男性、性別カテゴリーから自由な人にも共通です。私たちの人生に多様性が含まれているのです。ケアのニーズの多様性の承認、当事者が声を上げられる状況や体制（市民参加・政策提言）の構築が望まれます。

さまざまな社会課題にアプローチする際には、組織に単に「女性を加える」だけでは変革の力は生まれません。社会のなかで困難を抱える人たちの立場を「想像」し、課題に目を向け、どうしたらよりよい社会をつくっていけるのか、未来志向の議論から「創造」へのヴィジョンを具体化していくことが肝要となります。

今こそ、社会課題を女性学的想像力で再考し、越境のフェミニズムを通して豊かに対抗の道を創り出していく視点が求められています。

困難からエンパワーメントへ、ゼロから始まりの一歩へ、地域の課題と国際的課題をつなぐウェルビーイングの未来へ。その道はあなたの歩みとともにひらかれていくでしょう。

考えてみよう

- 女性学的想像力とは何か。あなたの考えをまとめてみましょう。
- 地域と世界をつなぐ課題として、どのようなテーマが挙げられますか。考えてみましょう。
- 将来の自分のライフワークについて、自由に考えてみましょう。

さらに学ぶための本

Unequal Work, Veronica Beechey, Verso Books, 1987.（『現代フェミニズムと労働——女性労働と差別』高島道枝・安川悦子訳、中央大学出版部、一九九三年）

Gender and Power: Society, the Person and Sexual Politics, R.W. Connell, Stanford University Press, 1987.（『ジェンダーと権力——セクシュアリティの社会学』森重雄・菊地栄治・加藤隆雄・越智康詞訳、三交社、一九九三年）

The Transformation of Intimacy: Sexuality, Love and Eroticism in Modern Societies, Anthony Giddens, Polity, 1992.（『親密性の変容——近代社会におけるセクシュアリティ、愛情、エロティシズム』松尾精文・松川昭子訳、而立書房、一九九五年）

Food for All,"（Retrieved May31, 2023, https://www.unwomen.org/en/news/stories/2021/10/announcer-international-day-of-rural-women-theme-rural-women-cultivating-good-food-for-all）.
Voet, R., 1998, *Feminism and Citizenship*, London: Sage.

終　章

アップル，M. W.，（天童睦子訳），2017，「教育の危機，批判的研究と実践の課題」カロギアナキス，P.／カラス，K.G.／ヴォルフター，C.C.／ジィァン，T-H.／天童睦子編，（天童睦子監訳），『教育の危機――現代の教育問題をグローバルに問い直す』東洋館出版社．

アルッザ，C.／バタチャーリャ，T.／フレイザー，N.，（惠愛由訳，菊地夏野解説），2020，『99％のためのフェミニズム宣言』人文書院．

柴野昌山編，2009，『青少年・若者の自立支援――ユースワークによる学校・地域の再生』世界思想社．

スコット，J. W.，（荻野美穂訳），2022，『30周年版 ジェンダーと歴史学』平凡社．

ダイアモンド，J.，（小川敏子・川上純子訳），2020，『危機と人類』（上・下）日本経済新聞出版．

天童睦子，2001，「ジェンダーとヘゲモニー支配」柴野昌山編『文化伝達の社会学』世界思想社．

――――，2009，「性支配の構造とセクシュアリティ――親密な関係性とDV」柴野昌山編『青少年・若者の自立支援――ユースワークによる学校・地域の再生』世界思想社．

――――，2013，「欧米における教育社会学の展開――ポストモダニズムの課題を問う」石戸教嗣編『新版　教育社会学を学ぶ人のために』世界思想社．

――――，2020，『女性のエンパワメントと教育の未来――知識をジェンダーで問い直す』東信堂．

――――，2021，「社会を知りキャリアを創る――女性のキャリア形成論入門」天童睦子編『キャリアを創る――女性のキャリア形成論入門』学文社．

天童睦子編，2004，『育児戦略の社会学――育児雑誌の変容と再生産』世界思想社．

三浦まり編著，2016，『日本の女性議員――どうすれば増えるのか』朝日新聞出版．

矢澤澄子・国広陽子・天童睦子，2003，『都市環境と子育て――少子化・ジェンダー・シティズンシップ』勁草書房．

矢澤澄子・天童睦子，2004，「子どもの社会化と親子関係――子どもの価値とケアラーとしての父親」有賀美和子・篠目清美・東京女子大学女性学研究所編『親子関係のゆくえ』勁草書房．

Giddens, A., 1992, *The Transformation of Intimacy, Sexuality, Love and Eroticism in Modern Societies*, Cambridge: Polity.（松尾精文・松川昭子訳，1995，『親密性の変容――近代社会におけるセクシュアリティ，愛情，エロティシズム』而立書房）

Mitchell, J., 1971, *Woman's Estate*, London: Penguin Books.

けるもの』東川出版.
女性差別撤廃委員会,(岡田仁子訳),2017,「一般勧告第34号 農村女性の権利」『国際女性』国際女性の地位協会,31(1):85-100.
高須幸雄・峯陽一編,2022,『SDGsと地域社会――あなたのまちで人間の安全保障指標をつくろう! 宮城モデルから全国へ』明石書店.
武川正吾,2000,「シティズンシップ(市民権)」地域社会学会編『キーワード地域社会学』ハーベスト社.
竹信三恵子・赤石千衣子編,2012,『災害支援に女性の視点を!』岩波書店.
田中治彦・枝廣淳子・久保田崇編,2019,『SDGsとまちづくり――持続可能な地域と学びづくり』学文社.
玉村雅敏・小島敏明編,2016,『東川スタイル――人口8000人のまちが共創する未来の価値基準』産学社.
地域社会学会編,2011,『新版 キーワード地域社会学』ハーベスト社.
天童睦子,2021,「災害女性学をつくる」浅野富美枝・天童睦子編『災害女性学をつくる』生活思想社.
――――,2022,「地域子ども学の課題――災害,持続可能性,北欧の視点」地域子ども学研究会編『地域子ども学をつくる――災害,持続可能性,北欧の視点』東信堂.
――――,2023,「災害女性学を契機とするエンパワーメント・モデルの構築と女性学教育の実践」『キリスト教文化研究所 研究年報 民族と宗教』宮城学院女子大学キリスト教文化研究所,56:1-27.
農林水産省,2020,「特集2 輝きを増す女性農業者」『令和元年度 食料・農業・農村白書』,(2023年5月31日取得,https://www.maff.go.jp/j/wpaper/w_maff/r1/r1_h/trend/part1/chap0/c0_2_00.html).
――――,2022a,「チャレンジする女性農林漁業者のための支援策」,(2023年5月31日取得,https://www.maff.go.jp/j/keiei/jyosei/gaido.html).
――――,2022b,「農業における女性の活躍推進について」,(2023年5月31日取得,https://www.maff.go.jp/hokkaido/kikaku/photo_repo/attach/pdf/nogyojyoshi-1.pdf).
――――,2022c,「令和3年度 農業委員への女性の参画状況」,(2023年5月31日取得,https://www.maff.go.jp/j/keiei/jyosei/attach/pdf/joseiiin-3.pdf).
――――,2022d,「令和3年度 農業委員会及び農協の女性登用の促進に関する状況」,(2023年5月31日取得,https://www.maff.go.jp/j/keiei/jyosei/attach/pdf/touyou-10.pdf).
藤井和佐,2011,『農村女性の社会学――地域づくりの男女共同参画』昭和堂.
マッキーヴァー,R. M.,(中久郎・松本通晴監訳),1975,『コミュニティ――社会学的研究:社会生活の性質と基本法則に関する一試論』ミネルヴァ書房.
矢澤澄子・国広陽子・天童睦子,2003,『都市環境と子育て――少子化・ジェンダー・シティズンシップ』勁草書房.
Marshall, T. H. and Bottomore, T., 1992, *Citizenship and Social Class*, London: Pluto Press.(岩崎信彦・中村健吾訳,1993,『シティズンシップと社会的階級――近現代を総括するマニフェスト』法律文化社.)
Pateman, C., 1989, *The Disorder of Women: Democracy, Feminism and Political Theory,* Cambridge: Polity.
UN Women, 2021a, "Learn the facts: Rural women and girls,"(Retrieved May 31, 2023, https://www.unwomen.org/en/digital-library/multimedia/2018/2/infographic-rural-women).
――――, 2021b, "International Day of Rural Women theme: Rural Women Cultivating Good

サドカー，M.／サドカー，D.，(川合あさ子訳)，1996，『「女の子」は学校でつくられる』時事通信社.
天童睦子，2000，「バーンスティンの権力・統制論再考――ジェンダー・コードの視点から」『教育社会学研究』67: 88-99.
――――，2001，「ジェンダーとヘゲモニー支配」柴野昌山編『文化伝達の社会学』世界思想社.
――――，2008，「文化伝達とジェンダー構造」天童睦子編『知識伝達の構造――教育社会学の展開』世界思想社.
――――，2017，『女性・人権・生きること――過去を知り 未来をひらく』学文社.
バランタイン，J. H.／ハマック，F. M.，(牧野暢男・天童睦子監訳)，2011，『教育社会学――現代教育のシステム分析』東洋館出版社.
古久保さくら，2013，「ジェンダーと人権教育」上杉孝實・平沢安政・松波めぐみ編著『人権教育総合年表――同和教育，国際理解教育から生涯学習まで』明石書店.
堀内かおる，2013，『家庭科教育を学ぶ人のために』世界思想社.
堀内かおる編，2020，『生活をデザインする家庭科教育』世界思想社.
三成美保編著，2017，『教育とLGBTIをつなぐ――学校・大学の現場から考える』青弓社.
來田享子，2018，「性別確認検査」飯田貴子・熊安貴美江・來田享子編『よくわかるスポーツとジェンダー』ミネルヴァ書房.
レンスキー，H. J.，(井谷惠子・井谷聡子監訳)，2021，『オリンピックという名の虚構――政治・教育・ジェンダーの視点から』晃洋書房.
Arnot, M., 1982, "Male Hegemony, Social Class and Women's Education", *Journal of Education*, 164（1）: 64-89, Boston: Boston University.
Bernstein, B., 1971, *Class, Codes and Control vol.1: Theoretical Studies Towards a Sociology of Language*, London: Routledge & Kegan Paul.（萩原元昭編訳，1981，『言語社会化論』明治図書.）
Connell, R. W., 2005, *Masculinities* 2nd ed., Cambridge: Polity.
Duru-Bellat, M., 1990, *L'ecole des filles*, Paris: PUF.（中野知律訳，1993，『娘の学校――性差の社会的再生産』藤原書店.）
Jackson, P. W., 1968, *Life in Classrooms*, New York: Holt, Rinehart and Winston.

第6章

相川康子，2006，「災害とその復興における女性問題の構造――阪神・淡路大震災の事例から」国立女性教育会館編『国立女性教育会館研究ジャーナル』10: 5-14.
――――，2007，「『災害とジェンダー』総論」大矢根淳・浦野正樹・田中淳・吉井博明編『災害社会学入門』弘文堂.
浅野富美枝，2016，『みやぎ3・11「人間の復興」を担う女性たち――戦後史に探る力の源泉』生活思想社.
――――，2021，「災害と女性の歴史――関東大震災から阪神・淡路大震災までを中心に」浅野富美枝・天童睦子編著『災害女性学をつくる』生活思想社.
浅野富美枝・天童睦子編，2021，『災害女性学をつくる』生活思想社.
姉歯曉，2018，『農家女性の戦後史――日本農業新聞「女の階段」の五十年』こぶし書房.
有賀喜左衛門，1972，『家』至文堂.
北の住まい設計社，2023，北の住まい設計社ホームページ，(2023年5月31日取得，http://www.kitanosumaisekkeisha.com/).
写真文化首都「写真の町」東川町編，2019，『東川スタイルマガジン vol.0 MAKERS つくり続

Publishers.（塚原久美訳，福田和子解説，北原みのり監修，2022，『中絶がわかる本』アジュマ.）
UNFPA, 1994, *Programme of Action: Adopted at the International Conference on Population and Development*, Cairo,（Retrieved May 31, 2023, https://www.unfpa.org/sites/default/files/event-pdf/PoA_en.pdf).（外務省監訳，1996，『国際人口・開発会議「行動計画」――カイロ国際人口，開発会議（1994年9月5-13日）採択文書』世界の動き社.）
UN Human Rights, 2018, *Your Health, Your Choice, Your Rights: International and Regional Obligations on Sexual and Reproductive Health and Rights*,（Retrieved May 31, 2023, https://www.ohchr.org/sites/default/files/OHCHRFactsheetYourHealth.pdf).

第4章

アリエス，P.,（杉山光信・杉山恵美子訳），1980，『〈子供〉の誕生――アンシァン・レジーム期の子供と家族生活』みすず書房.
天童睦子，2012，「育児観と子ども観の変容」住田正樹編『家庭教育論』放送大学教育振興会.
天童睦子編，2004，『育児戦略の社会学――育児雑誌の変容と再生産』世界思想社.
――――，2016，『育児言説の社会学――家族・ジェンダー・再生産』世界思想社.
バダンテール，E.,（鈴木晶訳），1991，『母性という神話』筑摩書房.
ボウルビィ，J.,（黒田実郎訳），1967，『乳幼児の精神衛生』岩崎学術出版社.
Bernstein, B., 1971, *Class, Codes and Control vol.1: Theoretical Studies Towards a Sociology of Language*, London: Routledge & Kegan Paul.（萩原元昭編訳，1981，『言語社会化論』明治図書.）
――――, 1990, *Class, Codes and Control vol.4: The Structuring of Pedagogic Discourse*, London: Routledge.
――――, 1996, *Pedagogy, Symbolic Control and Identity: Theory, Research, Critique*, London: Taylor and Francis.（久冨善之・長谷川裕・山﨑鎮親・小玉重夫・小澤浩明訳，2000，『〈教育〉の社会学理論――象徴統制，〈教育〉の言説，アイデンティティ』法政大学出版局.）
Bourdieu, P., 1979, *La Distinction: Critique sociale du jugement*, Paris: Les Éditions de Minuit.（石井洋二郎訳，1990，『ディスタンクシオン――社会的判断力批判』I・II，藤原書店.）
Bourdieu, P. et Passeron, J.-C., 1970, *La Reproduction: Éléments pour une théorie du système d'enseignement*, Paris: Les Éditions de Minuit .（宮島喬訳，1991『再生産――教育・社会・文化』藤原書店.）

第5章

アップル，M. W.,（浅沼茂・松下晴彦訳），1992，『教育と権力』日本エディタースクール出版部.
飯田貴子，2013，「身体能力の性差再考」木村涼子・伊田久美子・熊安貴美江編『よくわかるジェンダー・スタディーズ――人文社会科学から自然科学まで』ミネルヴァ書房.
飯田貴子・井谷惠子編，2004，『スポーツ・ジェンダー学への招待』明石書店.
飯田貴子・熊安貴美江・來田享子編，2018，『よくわかるスポーツとジェンダー』ミネルヴァ書房.
井上洋一，2004，「Title IXの成立と30年」飯田貴子・井谷惠子編『スポーツ・ジェンダー学への招待』明石書店.
木村涼子，1999，『学校文化とジェンダー』勁草書房.

――――，2022a，『男女共同参画白書 令和４年版』，（2023年５月31日取得，https://www.gender.go.jp/about_danjo/whitepaper/r04/zentai/html/honpen/b1_s02_01.html）．

――――，2022b，『共同参画』158（2022年８月号），（2023年５月31日取得，https://www.gender.go.jp/public/kyodosankaku/2022/202208/202208_07.html）．

山根純佳，2010，『なぜ女性はケア労働をするのか――性別分業の再生産を超えて』勁草書房．

World Economic Forum, 2022, *Global Gender Gap Report 2022*, (Retrieved May 31, 2023, https://www.weforum.org/reports/global-gender-gap-report-2022/).

第３章

IPPF，2019，「セクシュアル・リプロダクティブ・ヘルス／ライツ（性と生殖の健康と権利：SRHR）の新定義」，（2023年５月31日取得，https://www.ippf.org/sites/default/files/2019-10/ja_ippf_technical_brief_SRHR.pdf）．

阿藤誠，1999，「ジェンダー統計の現状と課題――人口問題との関連で」鎌田とし子・矢澤澄子・木本喜美子編『講座社会学14 ジェンダー』東京大学出版会．

荻野美穂，2014，『女のからだ――フェミニズム以後』岩波書店．

国連人口基金，2005，『世界人口白書2005 平等の約束――ジェンダーの公正，リプロダクティブ・ヘルスそしてミレニアム開発目標』，（2023年５月31日取得，https://tokyo.unfpa.org/sites/default/files/pub-pdf/%E4%B8%96%E7%95%8C%E4%BA%BA%E5%8F%A3%E7%99%BD%E6%9B%B82005.pdf）．

――――，2022，『世界人口白書2022 見過ごされてきた危機――意図しない妊娠』（概要），（2023年５月31日取得，https://tokyo.unfpa.org/sites/default/files/pub-pdf/swop2022_jpn_summary_spreadpage.pdf）．

シーガー，J.，（原民子・木村くに子訳，堀口悦子翻訳協力），2005，『地図でみる世界の女性』明石書店．

JOICFP，2022，「第３回 世界におけるセクシュアル・リプロダクティブ・ヘルス／ライツ（SRHR）の取り組み――国際社会で揺れ動くSRHR」，（2023年５月31日取得，https://www.joicfp.or.jp/jpn/column/srhr-initiatives-world-03/）．

天童睦子，2003，「少子化とはどんな問題か――子ども・家族・女性」矢澤澄子・国広陽子・天童睦子『都市環境と子育て――少子化・ジェンダー・シティズンシップ』勁草書房．

――――，2004，「少子化時代の育児戦略とジェンダー」天童睦子編『育児戦略の社会学――育児雑誌の変容と再生産』世界思想社．

天童睦子・加藤美帆，2016，「子どもという願望と再生産のポリティクス――妊娠・出産情報誌からみえること」天童睦子編『育児言説の社会学――家族・ジェンダー・再生産』世界思想社．

ベック＝ゲルンスハイム，E.，（香川檀訳），1992，『出生率はなぜ下ったか――ドイツの場合』勁草書房．

ミース，M.／フォン＝ヴェールホフ，C.／ベンホルト＝トムゼン，V.，（古田睦美・善本裕子訳），1995，『世界システムと女性』藤原書店．

Sen, A., 1990, “More Than 100 Million Women Are Missing,” *The New York Review of Books*, (Retrieved May 31, 2023, https://web.archive.org/web/20130504072819/http:/ucatlas.ucsc.edu/gender/Sen100M.html).

――――, 2003, “Missing Women Revisited: Reduction in female mortality has been counterbalanced by sex selective abortions,” *British Medical Journal*, 327 (7427): 1297–8.

Stevenson, R., 2019, *My Body My Choice: The Fight for Abortion Rights*, Victoria: Orca Book

ベル・フックスの「私は女ではないの？」』明石書店.
———，（堀田碧訳），2020，『フェミニズムはみんなのもの——情熱の政治学』エトセトラブックス.
ブラン，O.，（辻村みよ子監訳），2010，『オランプ・ドゥ・グージュ——フランス革命と女性の権利宣言』信山社.
ボーヴォワール，S. D.，（井上たか子・木村信子監訳），1997a，『決定版 第二の性〈I〉事実と神話』，新潮社.
———，（中嶋公子・加藤康子監訳），1997b，『決定版 第二の性〈II〉体験』，新潮社.
モーハンティー，C. T.，（堀田碧監訳），2012，『境界なきフェミニズム』法政大学出版局.
Adichie, C. N., 2017, *Dear Ijeawele, or A Feminist Manifesto in Fifteen Suggestions*, New York: Knopf.（くぼたのぞみ訳，2019，『イジェアウェレへ——フェミニスト宣言，15の提案』河出書房新社.）
hooks, b., 1981, *Ain't I a Woman: Black Women and Feminism,* Boston: South End Press.（大類久恵監訳，柳沢圭子訳，2010，『アメリカ黒人女性とフェミニズム——ベル・フックスの「私は女ではないの？」』明石書店.）
Scott, J. W., 1988, *Gender and the Politics of History*, New York: Columbia University Press.（荻野美穂訳，1992，『ジェンダーと歴史学』平凡社.）

第2章

浅倉むつ子，2004，『労働法とジェンダー』勁草書房.
大沢真知子，2006，『ワークライフバランス社会へ——個人が主役の働き方』岩波書店.
大沢真知子編著，日本女子大学現代女性キャリア研究所編，2019，『なぜ女性管理職は少ないのか——女性の昇進を妨げる要因を考える』青弓社.
川口章，2008，『ジェンダー経済格差——なぜ格差が生まれるのか，克服の手がかりはどこにあるのか』勁草書房.
木村涼子・伊田久美子・熊安貴美江編，2013，『よくわかるジェンダー・スタディーズ——人文社会科学から自然科学まで』ミネルヴァ書房.
小島妙子，2023，『DV・ストーカー対策の法と実務【第2版】』民事法研究会.
周燕飛，2020，「コロナショックの被害は女性に集中——働き方改革でピンチをチャンスに」労働政策研究・研修機構ホームページ，（2023年5月31日取得，https://www.jil.go.jp/researcheye/bn/038_200626.html).
多賀太，2022，『ジェンダーで読み解く 男性の働き方・暮らし方——ワーク・ライフ・バランスと持続可能な社会の発展のために』時事通信出版局.
天童睦子，2020，『女性のエンパワメントと教育の未来——知識をジェンダーで問い直す』東信堂.
天童睦子編，2021，『キャリアを創る——女性のキャリア形成論入門』学文社.
内閣府男女共同参画局，2015，『男女共同参画白書 平成27年版』，（2023年5月31日取得，https://www.gender.go.jp/about_danjo/whitepaper/h27/zentai/index.html).
———，2020，『男女共同参画白書 令和2年版』，（2023年5月31日取得，https://www.gender.go.jp/about_danjo/whitepaper/r02/zentai/index.html).
———，2021a，「男女間賃金格差（我が国の現状）」内閣府男女共同参画局ホームページ，（2023年5月31日取得，https://www.gender.go.jp/research/weekly_data/07.html).
———，2021b，「特集 コロナ下で顕在化した男女共同参画の課題と未来」『男女共同参画白書 令和3年版』，（2023年5月31日取得，https://www.gender.go.jp/about_danjo/whitepaper/r03/zentai/html/honpen/b1_s00_00.html).

第1章

青木やよひ，1986,『フェミニズムとエコロジー』新評論.
アディーチェ，C. N.,（くぼたのぞみ訳），2017,『男も女もみんなフェミニストでなきゃ』河出書房新社.
伊藤公雄，2017,「男性学・男性性研究とジェンダー教育の重要性」村田晶子・弓削尚子編著『なぜジェンダー教育を大学でおこなうのか――日本と海外の比較から考える』青弓社.
井上輝子，2011,『新・女性学への招待――変わる／変わらない女の一生』有斐閣.
上野千鶴子，〔1990〕2009,『家父長制と資本制――マルクス主義フェミニズムの地平』岩波書店.
ウルストンクラーフト，M.,（白井堯子訳），1980,『女性の権利の擁護――政治および道徳問題の批判をこめて』未来社.
江原由美子編，1990,『フェミニズム論争――70年代から90年代へ』勁草書房.
大海篤子，2010,『ジェンダーで学ぶ政治社会学入門――男女平等の未来のために』世織書房.
オルバー，S.,（ゲイ・ローリー監訳，宮下摩維子訳），2017,「北米の大学における女性学およびジェンダー研究の歴史的系譜と現在」村田晶子・弓削尚子編『なぜジェンダー教育を大学でおこなうのか――日本と海外の比較から考える』青弓社.
木村涼子・伊田久美子・熊安貴美江編，2013,『よくわかるジェンダー・スタディーズ――人文社会科学から自然科学まで』ミネルヴァ書房.
サッセン，S.,（森田桐郎ほか訳），1992,『労働と資本の国際移動――世界都市と移民労働者』岩波書店.
ソコロフ，N. J.,（江原由美子・藤崎宏子・岩田知子・紙谷雅子・竹中千香子訳），1987,『お金と愛情の間――マルクス主義フェミニズムの展開』勁草書房.
多賀太，2016,『男子問題の時代？――錯綜するジェンダーと教育のポリティクス』学文社.
多賀太・天童睦子，2013,「教育社会学におけるジェンダー研究の展開――フェミニズム・教育・ポストモダン」『教育社会学研究』93: 119-150.
タトル，L.,（渡辺和子監訳），1998,『新版 フェミニズム事典』明石書店.
ダラ・コスタ，M.,（伊田久美子・伊藤公雄訳），1986,『家事労働に賃金を――フェミニズムの新たな展望』インパクト出版会.
天童睦子，2000,「バーンスティンの権力・統制論再考――ジェンダー・コードの視点から」『教育社会学研究』67: 83-99.
――――，2017,『女性・人権・生きること――過去を知り 未来をひらく』学文社.
――――，2019,「教育をジェンダーで問い直す――フェミニズム知識理論の視点から」髙橋均編『想像力を拓く教育社会学』東洋館出版社.
――――，2020,『女性のエンパワメントと教育の未来――知識をジェンダーで問い直す』東信堂.
トリン，T. M.,（竹村和子訳），1995,『女性・ネイティヴ・他者――ポストコロニアリズムとフェミニズム』岩波書店.
内藤和美，2003,「『高等教育機関における女性学・ジェンダー論関連科目に関する調査』（第10回）――教員調査（科目調査）記述回答の整理から」『国立女性教育会館研究紀要』7.
ハートマン，H.，1991,「マルクス主義とフェミニズムの不幸な結婚――さらに実りある統合に向けて」リディア・サージェント編，（田中かず子訳），『マルクス主義とフェミニズムの不幸な結婚』勁草書房.
バトラー，J.,（竹村和子訳），1999,『ジェンダー・トラブル――フェミニズムとアイデンティティの攪乱』青土社.
フックス，b.,（大類久恵監訳，柳沢圭子訳），2010,『アメリカ黒人女性とフェミニズム――

参考文献

まえがき・序章

浅倉むつ子，2022，『新しい労働世界とジェンダー平等』かもがわ出版.

伊田久美子，2013，「アンペイド・ワーク」木村涼子・伊田久美子・熊安貴美江編『よくわかるジェンダー・スタディーズ――人文社会科学から自然科学まで』ミネルヴァ書房.

井上輝子・江原由美子編，1999，『女性のデータブック――性・からだから政治参加まで 第3版』有斐閣.

――――，2005，『女性のデータブック――性・からだから政治参加まで 第4版』有斐閣.

落合恵美子，2019，『21世紀家族へ――家族の戦後体制の見かた・超えかた 第4版』有斐閣.

グラットン，L.／スコット，A.，（池村千秋訳），2016，『LIFE SHIFT――100年時代の人生戦略』東洋経済新報社.

ケア・コレクティヴ，（岡野八代・冨岡薫・武田宏子訳・解説），2021，『ケア宣言――相互依存の政治へ』大月書店.

嶋崎尚子，2008，『ライフコースの社会学』学文社.

天童睦子，2003，「少子化とはどんな問題か――子ども・家族・女性」矢澤澄子・国広陽子・天童睦子『都市環境と子育て――少子化・ジェンダー・シティズンシップ』勁草書房.

――――，2017，『女性・人権・生きること――過去を知り 未来をひらく』学文社.

――――，2021，「女性のエンパワメントと教育の役割」『We learn』日本女性学習財団，811.

トッロネン，M.／ハマライネン，J.／ヴォルナネン，R.，（天童睦子訳），2022，「子ども，若者，家族のウェルビーイングを推進する北欧モデル――フィンランドの事例」地域子ども学研究会編，天童睦子・足立智昭責任編集『地域子ども学をつくる――災害，持続可能性，北欧の視点』東信堂.

トロント，J. C.，（岡野八代訳・著），2020，『ケアするのは誰か？――新しい民主主義のかたちへ』白澤社.

日本WHO協会，「世界保健機関憲章前文（日本WHO協会仮訳）」日本WHO協会ホームページ，（2023年5月31日取得，https://www.japan-who.or.jp/about/who-what/charter/).

日本ユニセフ協会，2020，「ユニセフ報告書『レポートカード16』先進国の子どもの幸福度をランキング 日本の子どもに関する結果」日本ユニセフ協会ホームページ，（2023年5月31日取得，https://www.unicef.or.jp/report/20200902.html).

ミルズ，C. W.，（鈴木広訳），1965，『社会学的想像力』紀伊國屋書店.

村松安子・村松泰子編，1995，『エンパワーメントの女性学』有斐閣.

目黒依子，2007，『家族社会学のパラダイム』勁草書房.

モーザ，C.，（久保田賢一・久保田真弓訳），1996，『ジェンダー・開発・NGO――私たち自身のエンパワーメント』新評論.

Mayeroff, M., 1990, *On Caring*, New York: Harper Perennial.

UNICEF, 2020, *Innocenti Report Card 16 Worlds of Influence: Understanding What Shapes Child Well-being in Rich Countries*, (Retrieved May 31, 2023, https://www.unicef-irc.org/publications/1140-worlds-of-influence-understanding-what-shapes-child-well-being-in-rich-countries.html).

World Happiness Report, 2023, *World Happiness Report 2023,* (Retrieved May 31, 2023, https://worldhappiness.report).

Zimmerman, M. K., Litt, J. S. and Bose, C. E., 2006, *Global Dimensions of Gender and Carework*, California: Stanford University Press.

索 引

著者紹介

天童睦子（てんどう　むつこ）

博士（教育学）。

東京女子大学大学院文学研究科修士課程修了（社会学専攻）。早稲田大学大学院教育学研究科博士後期課程修了。

名城大学人間学部教授を経て，宮城学院女子大学教授。専門は女性学，教育社会学。

主な著書『キャリアを創る――女性のキャリア形成論入門』（編著，学文社，2021年），『災害女性学をつくる』（共編著，生活思想社，2021年），『女性のエンパワメントと教育の未来――知識をジェンダーで問い直す』（東信堂，2020年），『育児言説の社会学――家族・ジェンダー・再生産』（編著，世界思想社，2016年）。

ゼロからはじめる女性学
――ジェンダーで読むライフワーク論

2023年10月10日　第1刷発行　　定価はカバーに表示しています

著　者　天　童　睦　子
発行者　上　原　寿　明

世界思想社
京都市左京区岩倉南桑原町56　〒606-0031
電話 075(721)6500
振替 01000-6-2908
http://sekaishisosha.jp/

（印刷 中央精版印刷）

ISBN978-4-7907-1785-0